潘天壽

◎中國近代名家書畫全集◎

26 潘天壽／冊頁

名家翰墨

鳴謝
本集所收繪畫作品暨文字、照片資料均由潘天壽紀念館提供，謹此致謝。

名家翰墨叢刊
中國近代名家書畫全集 26
潘天壽／册頁

主編　許禮平
執行編輯　李碧珊
翻譯　張彥華
分色製版　昌明製作公司
印刷裝訂　中華商務彩色印刷有限公司
香港大埔汀麗路三十六號
出版・發行　翰墨軒出版有限公司
香港銅鑼灣希愼道二一—四號二〇八～二一〇室
電話：二八九〇九八一一　傳眞：二八九五四一三七
登記証　僑務委員會台敎新字第七二三號
台灣分公司　代表人：李錦季　台北市麗水街三—一號
電話：（〇二）三九七〇三七五
傳眞：（〇二）三五一六八一五
內銷許可証　新聞局局版僑台誌第〇一二一號
郵政執照　中華郵政北台字第三四五六號
郵撥帳號　香港商翰墨軒有限公司台灣分公司
一五七五六八〇三
訂戶服務　電話：（〇二）三九七〇三七五
台灣總經銷　聯經出版事業股份有限公司
台北縣汐止鎮大同路一段三六七號3F
電話：（〇二）六四二二六二九
法律顧問　潘繼洪律師（香港）　邱晃泉律師（台灣）
著作權顧問　張秋卿律師
出版日期　一九九七年十月十九日

ISBN 962-7530-53-0

目錄

（本集圖版由盧炘拍攝）

圖版

文章

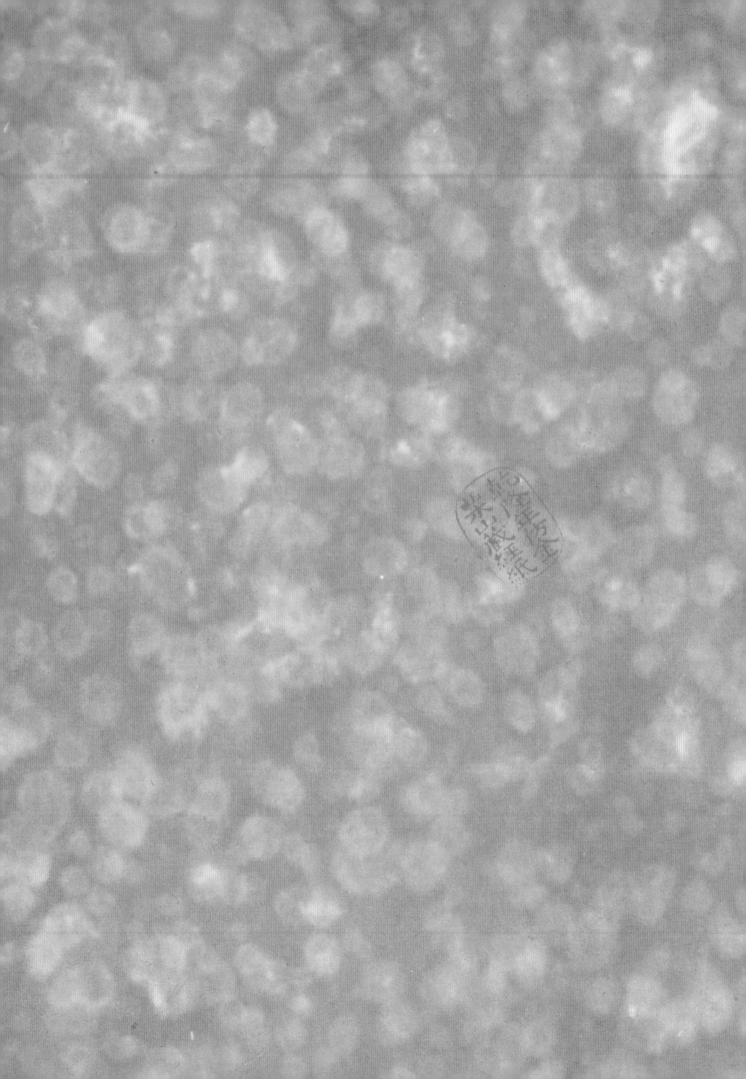

圖版

墨筆花　Flowers In Ink
1931　33.7 × 40.6cm
潘天壽紀念館藏

霜天暮鐘
Bell In The Evening
1931　33.7 × 40.6cm
潘天壽紀念館藏

水氣浮前浦霜天淡暮鐘

青綠山水　Landscape In Green
33.7 × 39.1cm　潘天壽紀念館藏

甬江口炮台
Battery At Yong River
1932 33.4 × 40.5cm
潘天壽紀念館藏

放眼
手遮
眺祖我
神州色
山一水
浩蕩
隆峰真
不可一
世也年
来人事
歷程是
書言雄才
寫數豪家一角心中
記信但与實景
恐天不同
二十二年新春登燈塔写生記 阿壽

晴秋　Sunny Autumn
1932　33.5 × 39.1cm
潘天壽紀念館藏

晴龝竹園籬落之間時
見有此情趣懶翁

荷花　Lotus
1932　33.4 × 40.8cm
潘天壽紀念館藏

栢園高士　Recluse In Cypress Garden
33.2 × 40.7cm　潘天壽紀念館藏

桂魚　Gui Fish
1933　33.4 × 40.7cm
潘天壽紀念館藏

鱖色青有微黄有黑斑腹淡白味甚佳産吴�ー 松而産二味殊多俗名桂魚或桂花魚盖語之音也七十三年仲夏暑

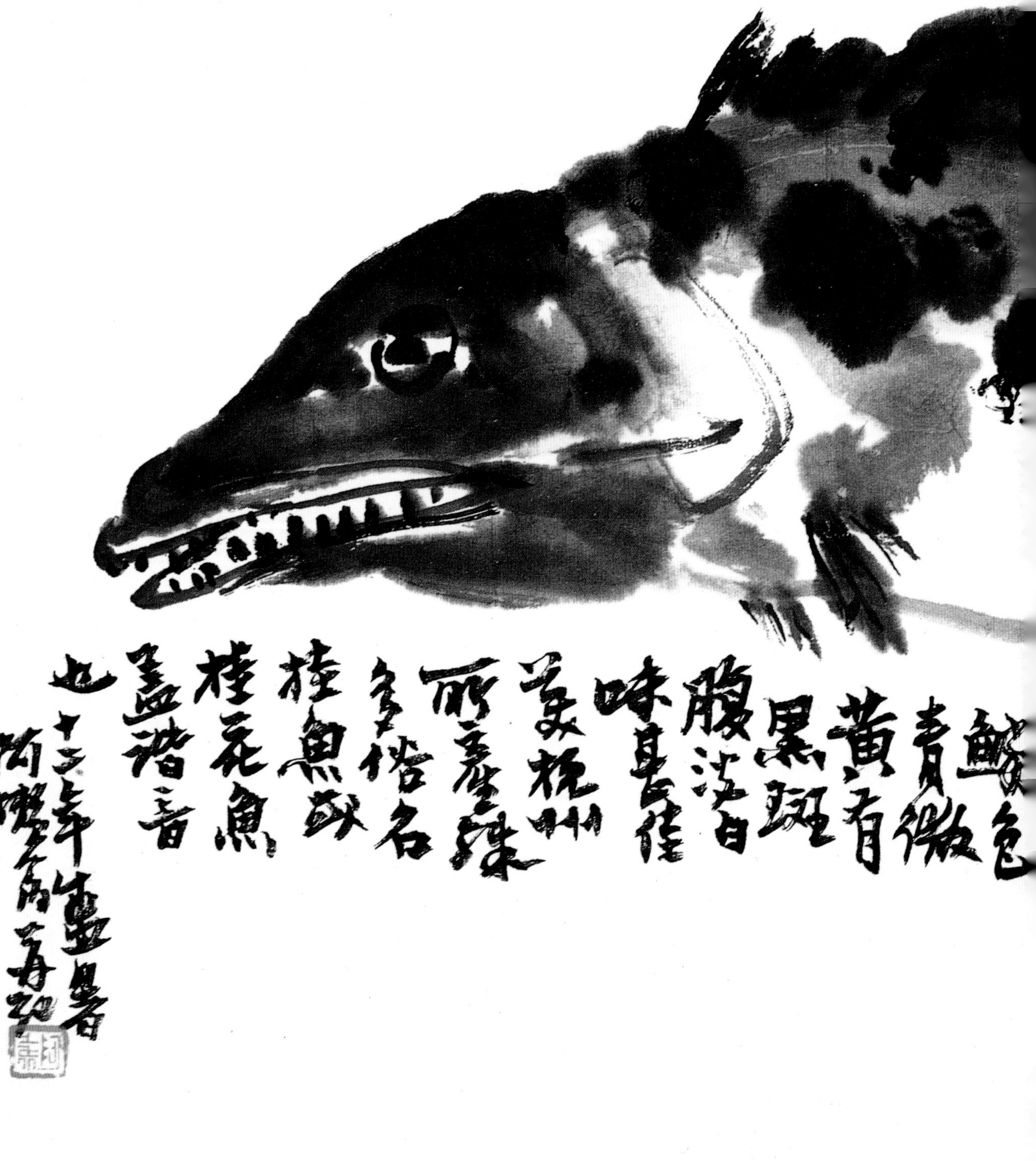

淡到無言自有人
二十四年

蘭花　Orchid
1945　26 × 32.2cm
私人收藏

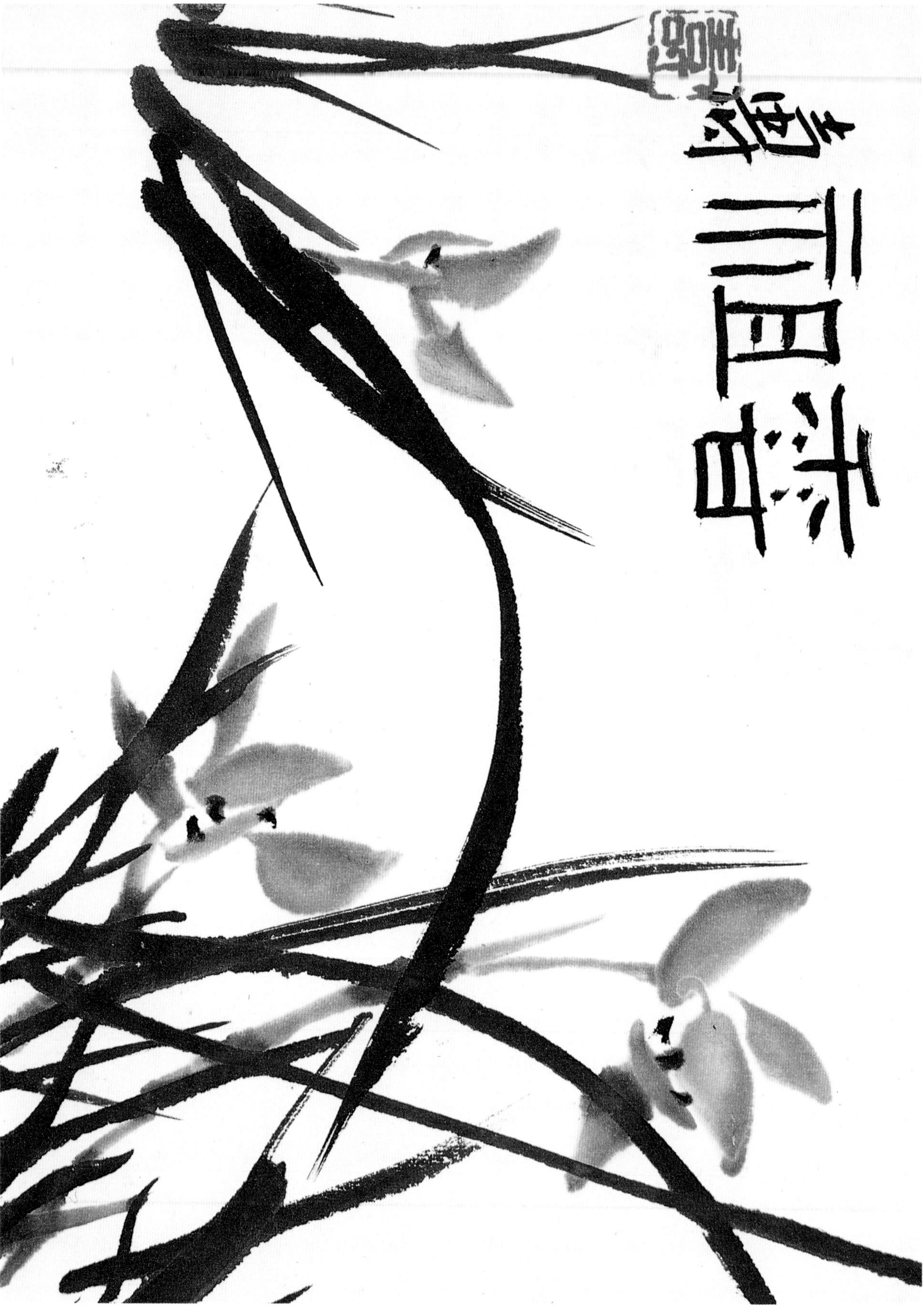

香祖　Orchid　1958　16.6 × 22.8cm　潘天壽紀念館藏

葡萄枇杷　Grapes And Loquats　1958　16.9 × 22.7cm　潘天壽紀念館藏

秋晨　Autumn Morning　1958　16.8 × 22.8cm　潘天壽紀念館藏

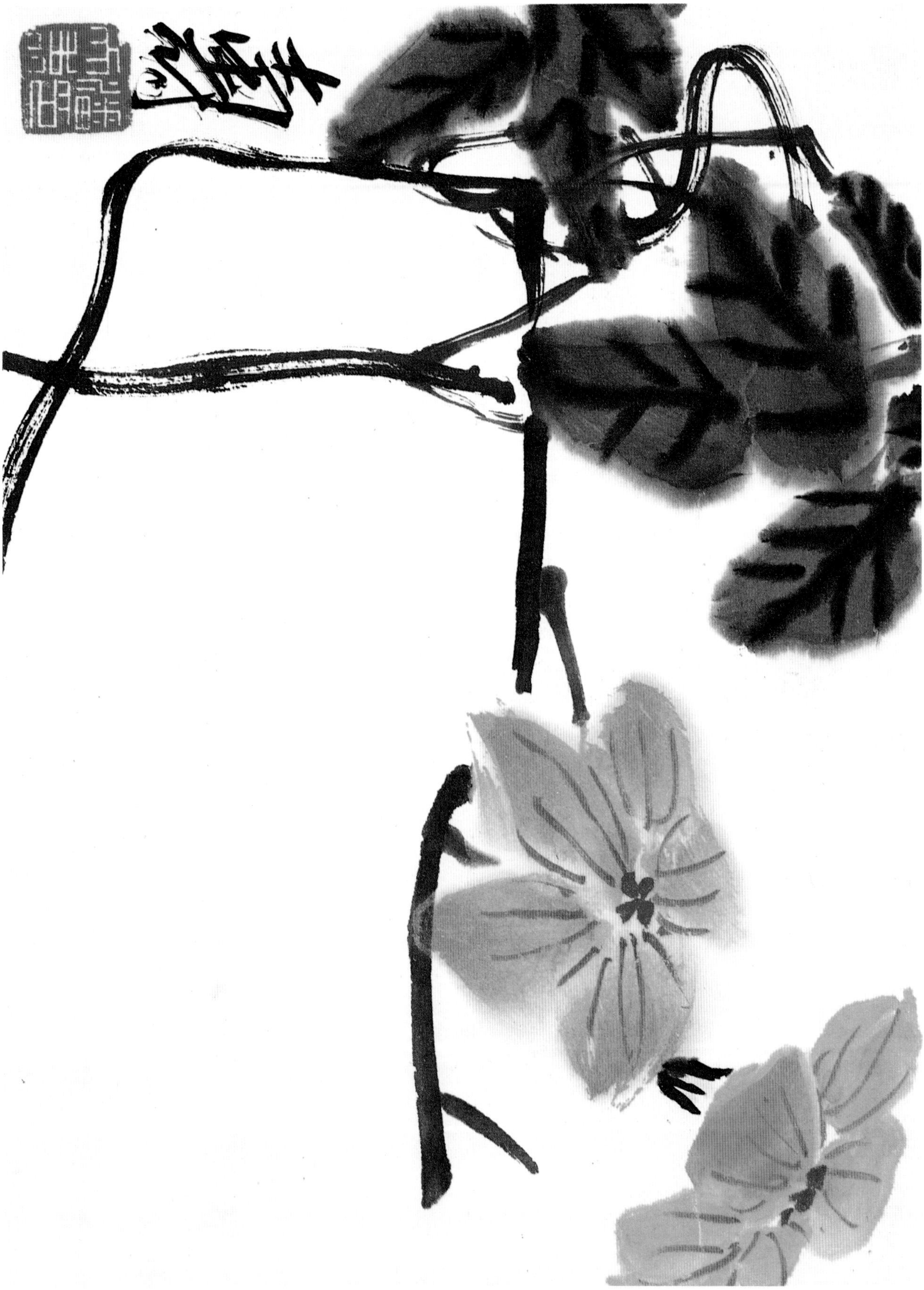

凌霄花　Chinese Trumpet Creeper　1958　16.7 × 22.8cm　潘天壽紀念館藏

誠齋詩意　Poetic Setting　16.7 × 22.8cm　潘天壽紀念館藏

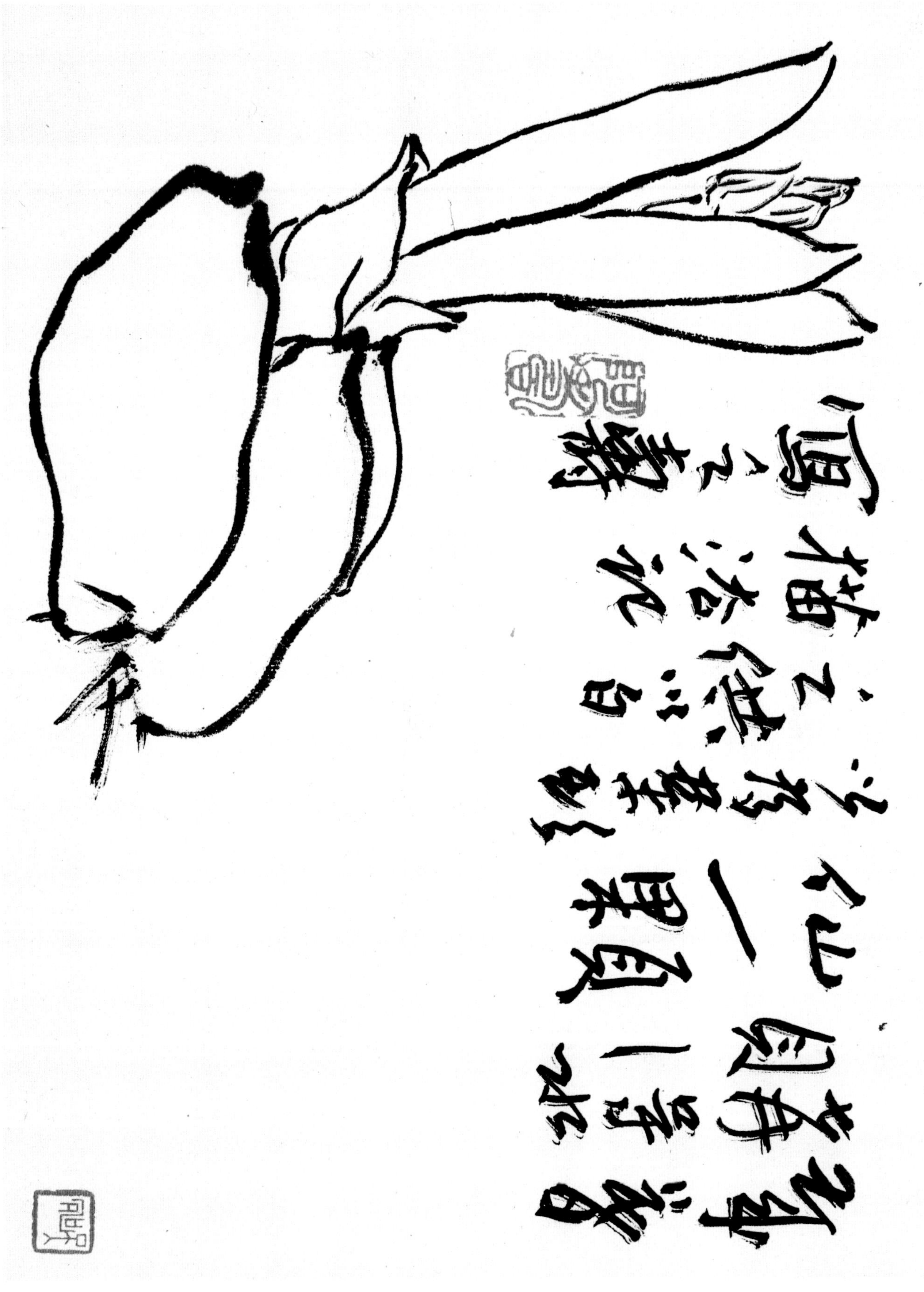

白描水仙　Daffodils　1958　16.7 × 22.8cm　潘天壽紀念館藏

大岩桐　Gloxinia　1958　16.7 × 22.8cm　潘天壽紀念館藏

黃菊　Yellow Chrysanthemums　1958　16.9 × 22.3cm　潘天壽紀念館藏

春風綻蕙蘭　Orchid Blossoms In The Wind

夕雨紅榴拆　Pomegranate In The Evening Rain

布老虎　Clothe Tiger

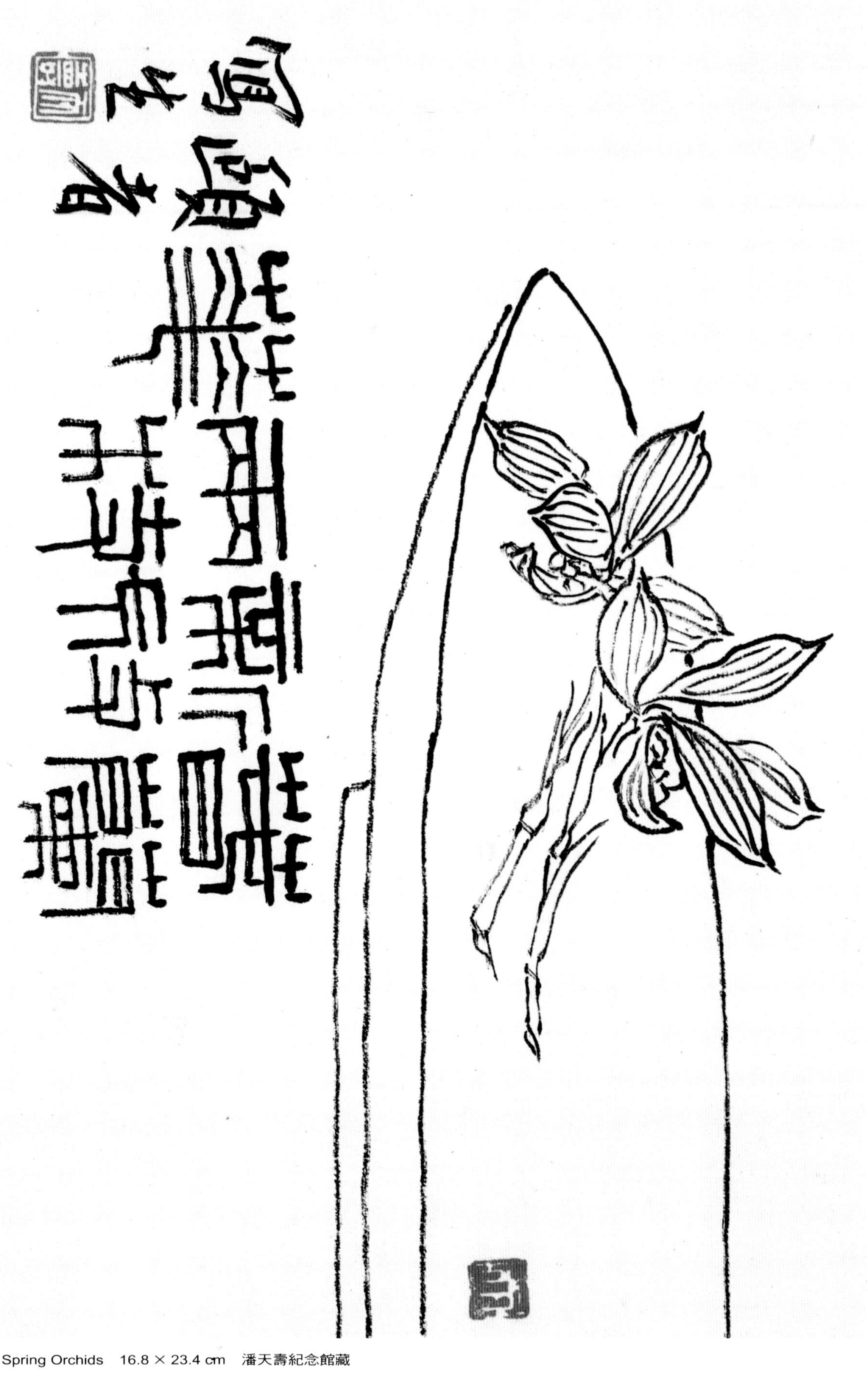

春蘭新放　Spring Orchids　16.8 × 23.4 cm　潘天壽紀念館藏

荔枝　Litchi

壽者所喜　Favourite Items Of Longevity

絲瓜　Towel Gourd　16.9 × 23.4cm

嫩荷　Young Lotus

農家清品　Water Chestnuts And Cherries　1958　潘天壽紀念館藏

蝴蝶　Butterfiy

墨梅　Plum Blossoms In Ink　24.5 × 30.5 cm　潘天壽紀念館藏

江山如此多嬌　Such Magnificent Landscapes

五月籬邊菊　Chrysanthemums In May　24.3 × 30cm　潘天壽紀念館藏

雛雞　Small Chicks　16.7 × 23.5cm　潘天壽紀念館藏

水仙　Daffodils　16.7 × 23 cm　潘天壽紀念館藏

鳳仙花　Garden Baisam　1958　16.6 × 23.5cm　潘天壽紀念館藏

擬个山僧魚　Fish, After Bada Shanren's Style　16.7 × 23.5cm　潘天壽紀念館藏

荷花蜻蜓　Lotus And Dragonfly　1958　17 × 22.7cm　潘天壽紀念館藏

睡八哥　Myna　16.7 × 23cm　潘天壽紀念館藏

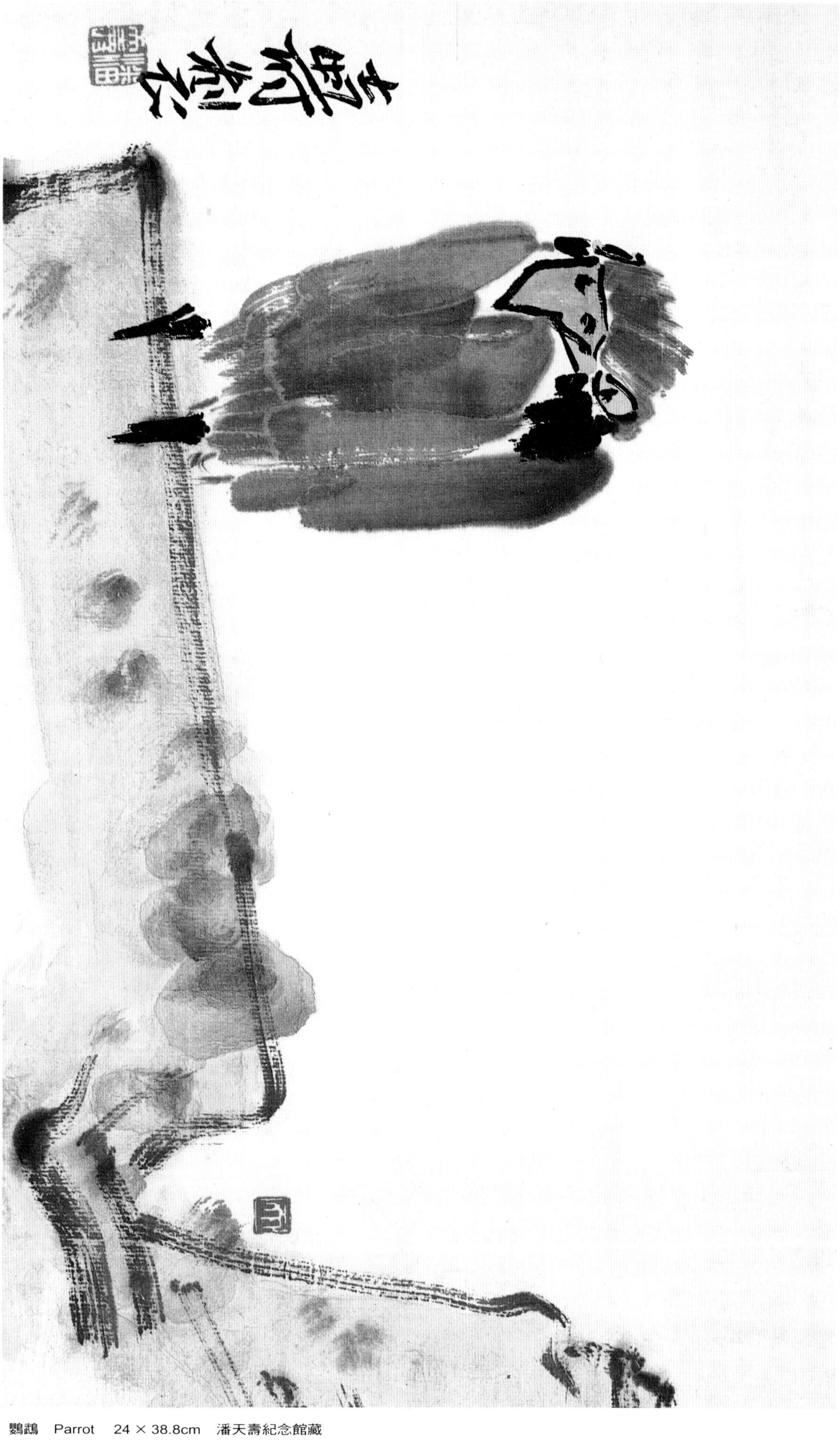

鸚鵡　Parrot　24 × 38.8cm　潘天壽紀念館藏

葫蘆菊花 Gourd And Chrysanthemum 24.5 × 39cm 潘天壽紀念館藏

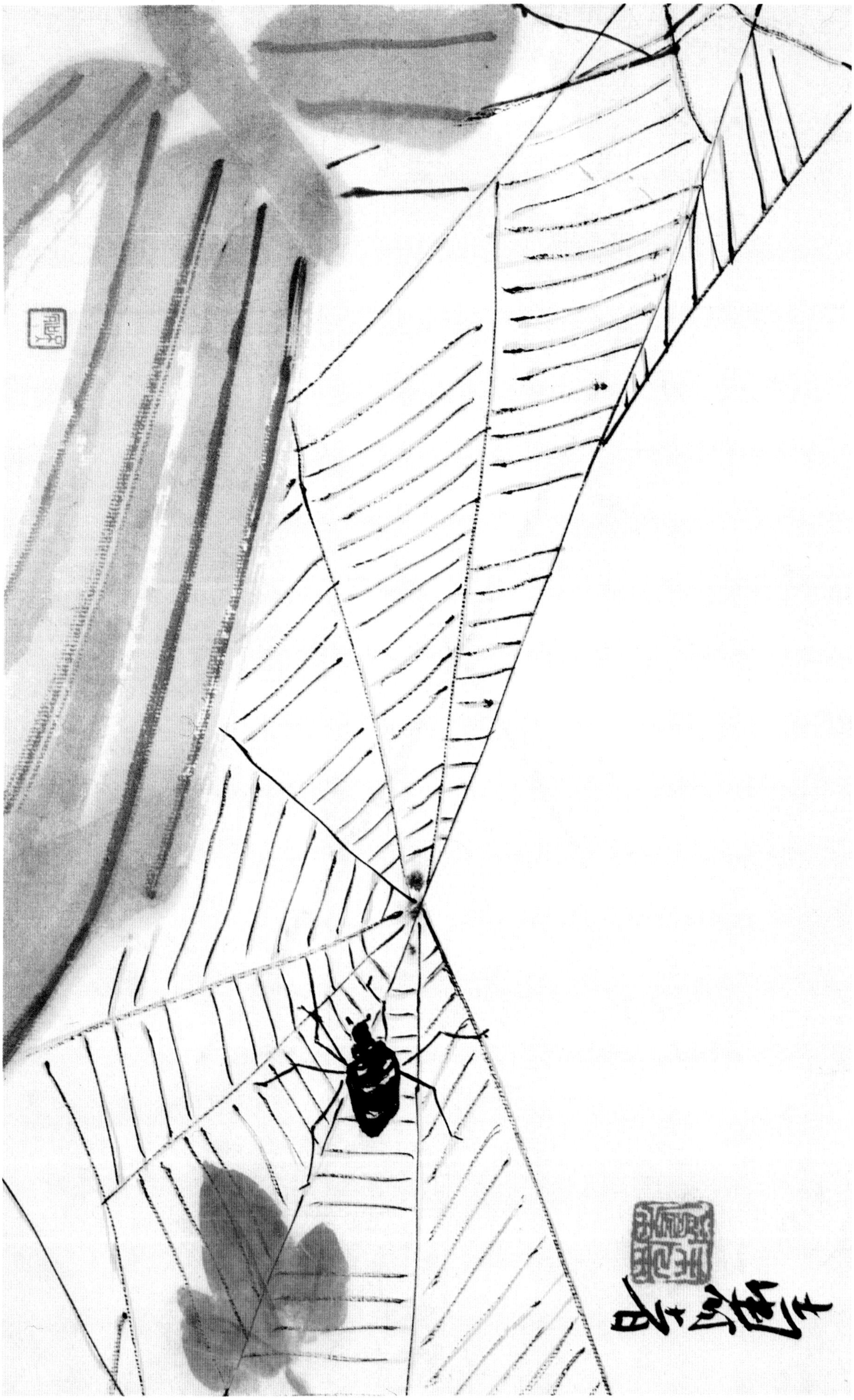

芭蕉蜘蛛　Banana And Spider　24.5 × 39cm　潘天壽紀念館藏

牡丹　Peony　24.5 × 39cm

秋蟲　Autumn Insect

荷花蜻蜓　Lotus And Dragonfly

水仙　Daffodils

牡丹　Peony　30 × 24.5cm　潘天壽紀念館藏

墨竹　Bamboo　30.3 × 23cm　潘天壽紀念館藏

梧桐甲蟲　Chinese Parasol Tree And Beetle　23×16.6cm　潘天壽紀念館藏

夏霞　Flower In Summer　22.9 × 17.2cm　潘天壽紀念館藏

蜻蜓荷石　Dragonfly, Lotus And Rock　23 × 15.6cm　潘天壽紀念館藏

百合　LiLy　22.8 × 16.4cm　潘天壽紀念館藏

菊花　Chrysanthemum　23 × 15.8cm　潘天壽紀念館藏

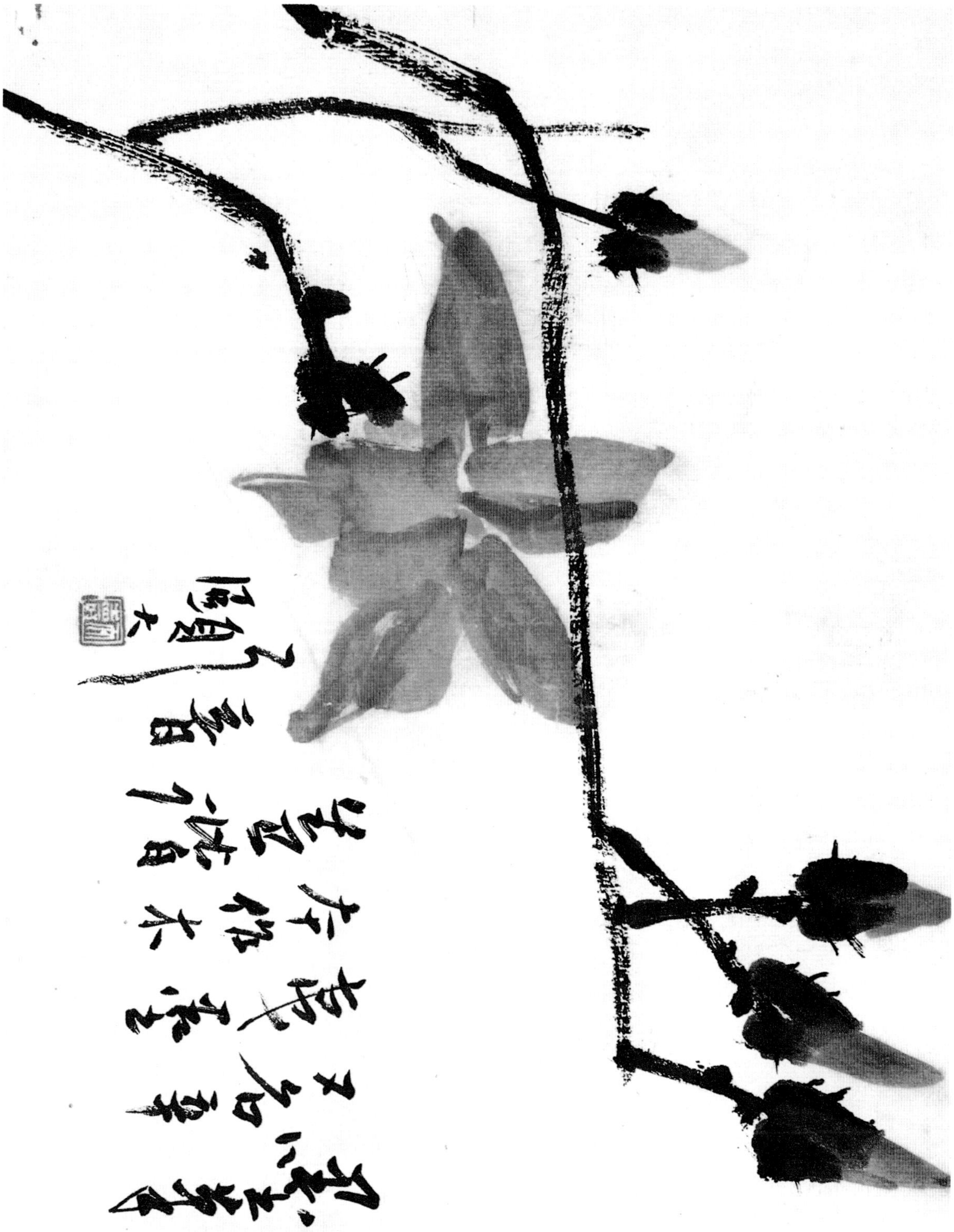

辛夷　Magnolia　38.7 × 24.2cm　潘天壽紀念館藏

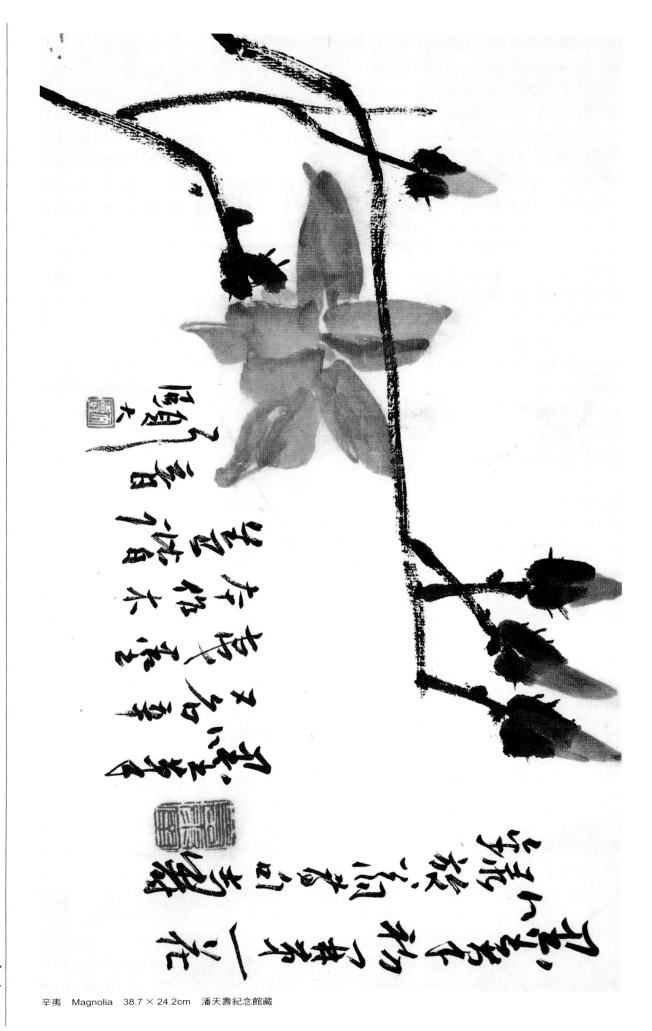

秋葵　Flower　30.3 × 23cm　潘天壽紀念館藏

秋蟲　Autumn Insect　30.5 × 24.5cm　潘天壽紀念館藏

薰風荷香　Fragrance Of Lotus In The Wind　1964　16.8 × 22cm　潘天壽紀念館藏

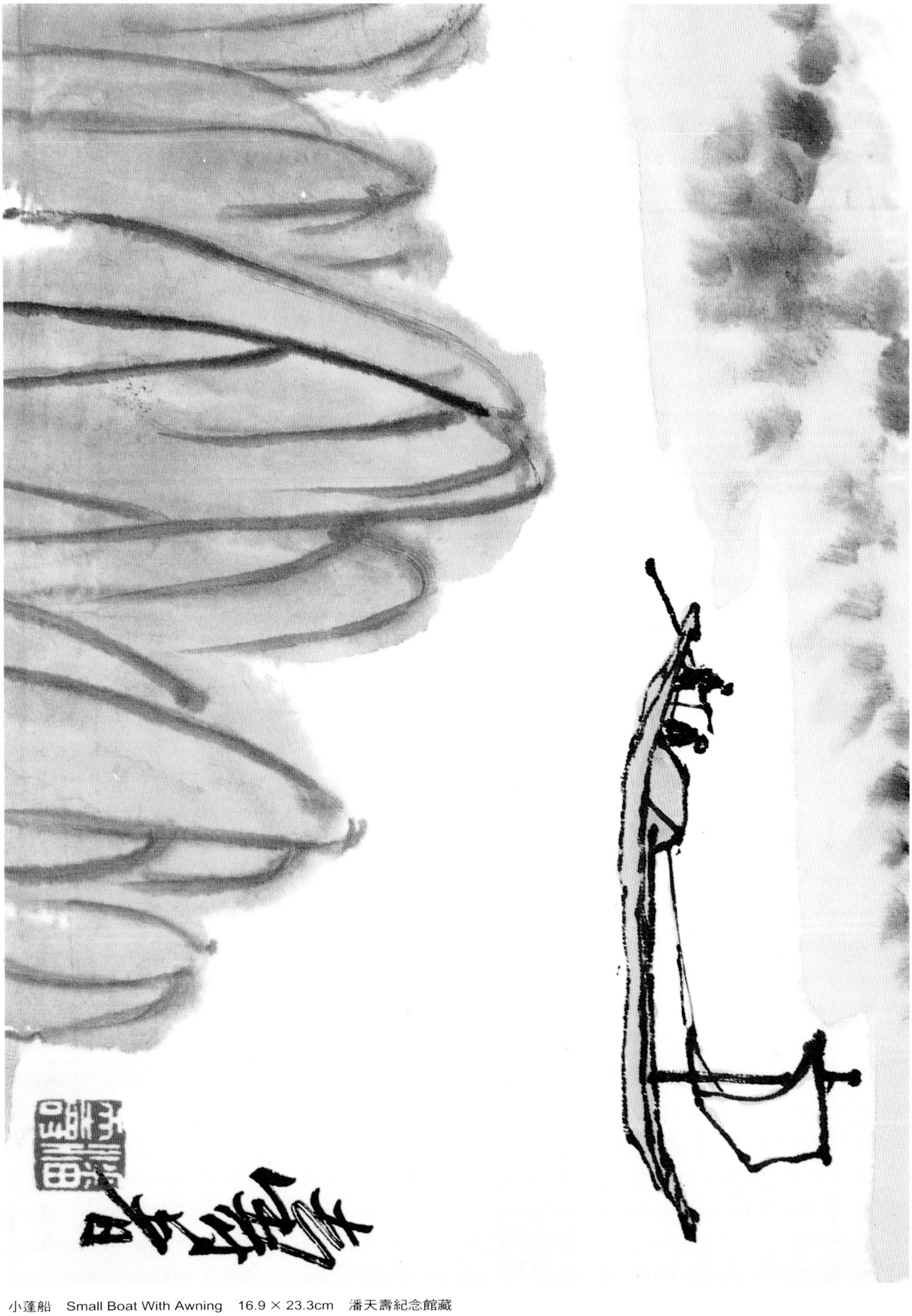

小蓬船　Small Boat With Awning　16.9 × 23.3cm　潘天壽紀念館藏

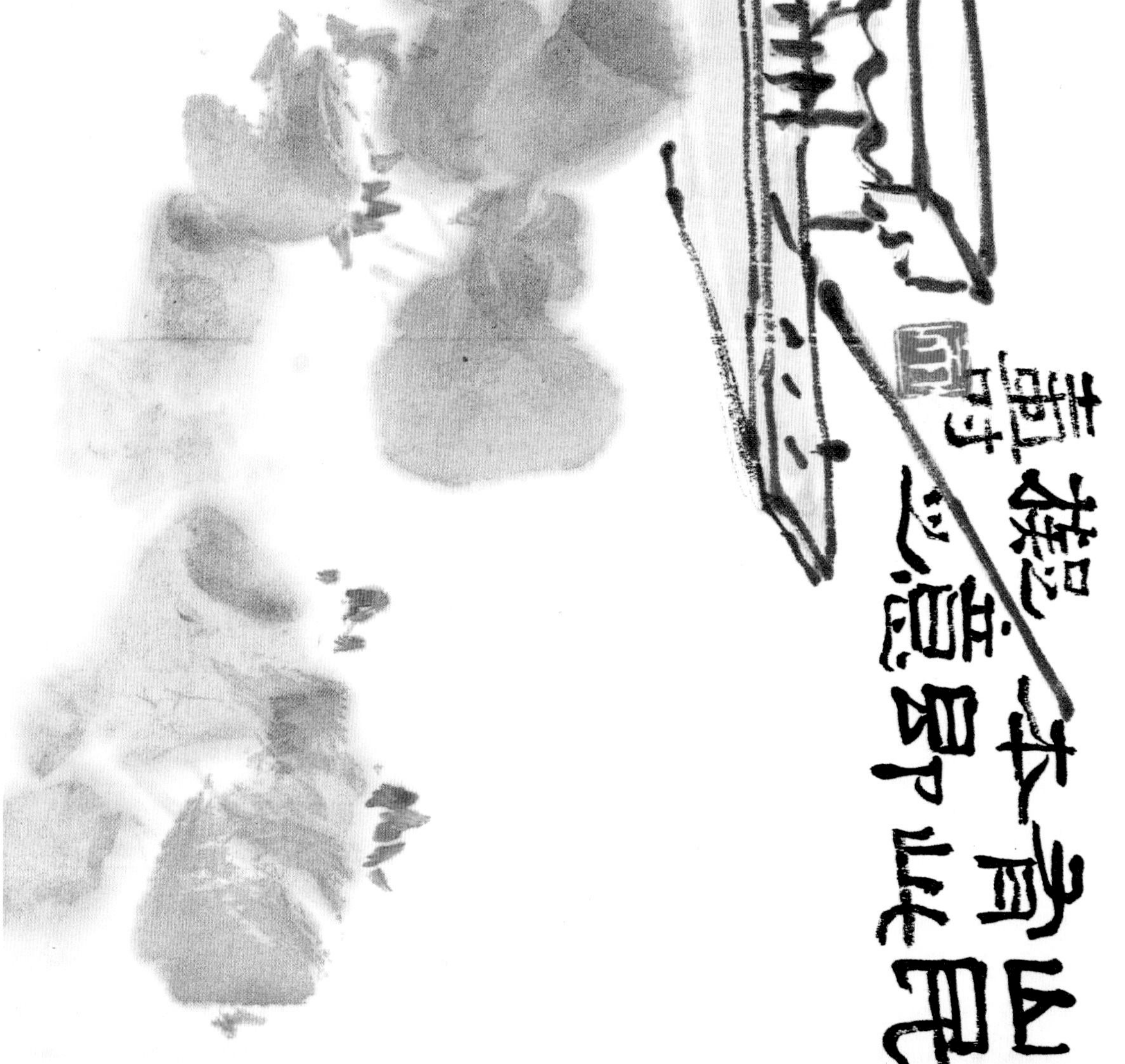

擬金農畫意　After Jin Nong's Style　16.8 × 22cm　潘天壽紀念館藏

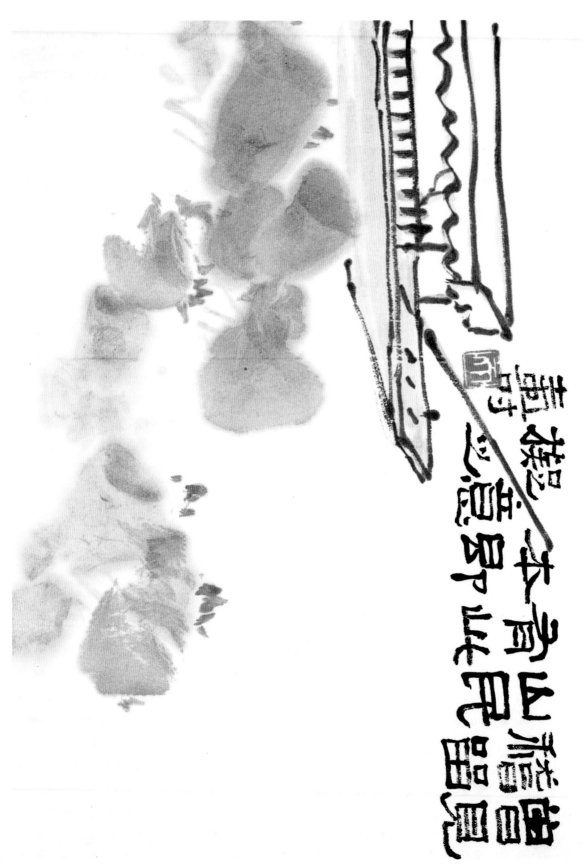

靈石　Intelligent Rock　17.1 × 23.1cm　潘天壽紀念館藏

群魚　School Of Fish　26.6 × 35cm　潘天壽紀念館藏

春酣　Beauty In Springtime　34.1 × 22.8cm　潘天壽紀念館藏

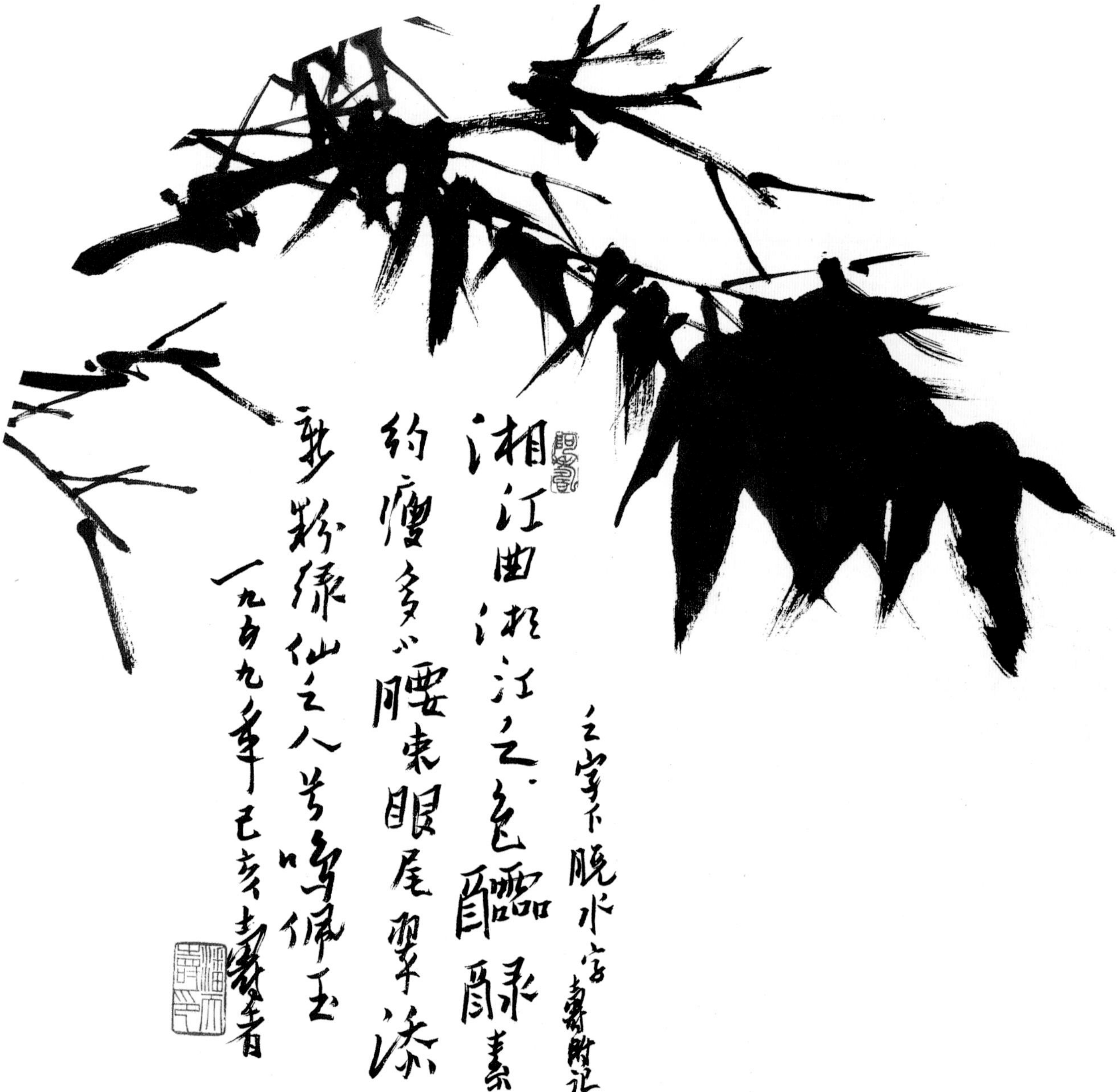

湘江翠竹　Green Bamboo Of Xiang River　1959　直徑 47cm　潘天壽紀念館藏

龔予 Orchid And Bamboo 1959 直徑 47.8cm 中國美術學院中國畫系藏

靈魚 Intelligent Fish 直徑31.5cm 潘天壽紀念館藏

醉雀　Drunken Bird　1959　直徑 33cm　潘天壽紀念館藏

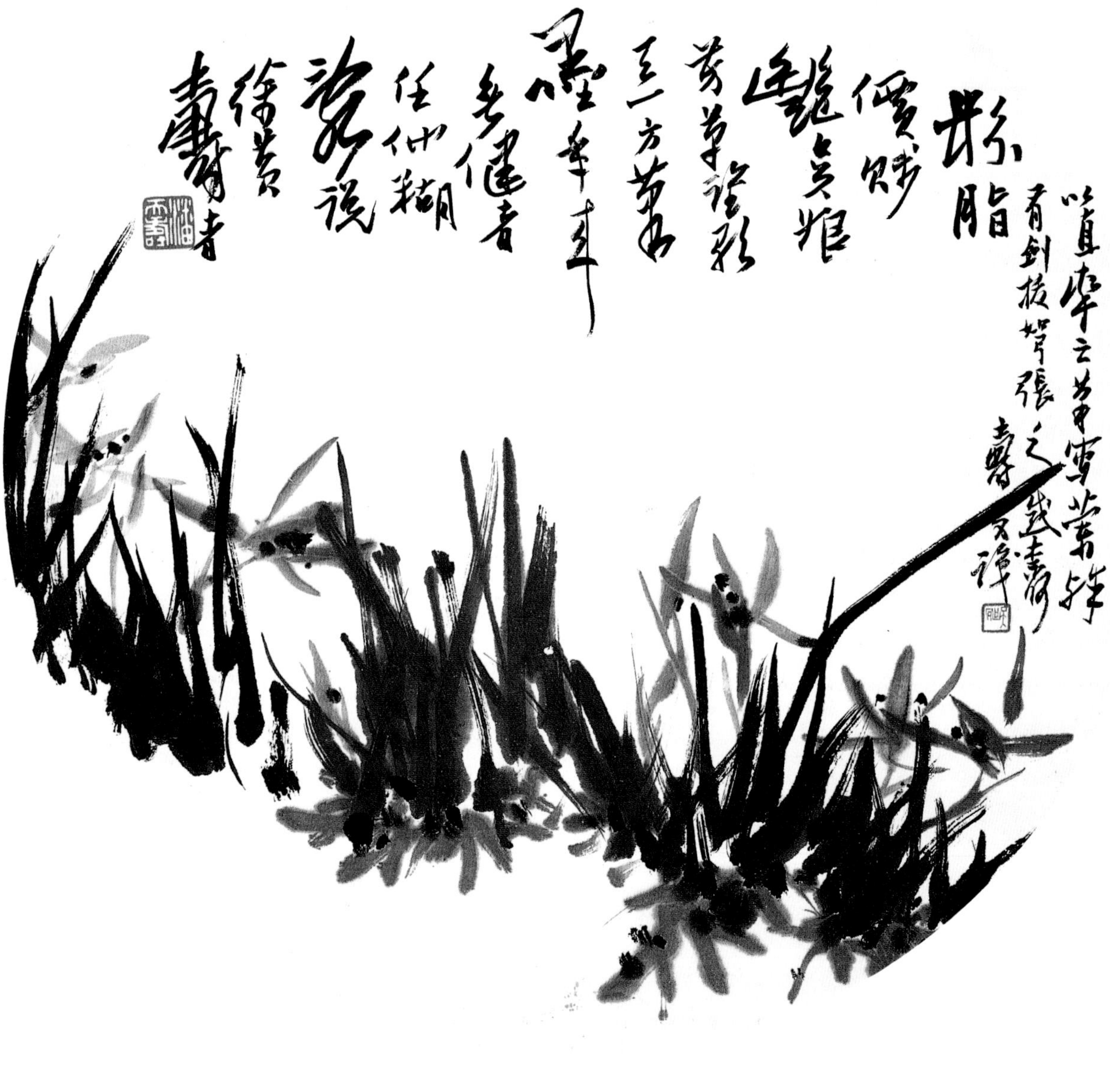

率筆蘭草　Orchid　直徑 45cm

夕陽漁歸　Returning Fishermen At Sunset　1960　直徑 44.6cm　中國美術學院中國畫系藏

雲台東望　Looking East To The Great Wall　直徑45cm　潘天壽紀念館藏

望長城其氣勢尤為雄偉雲臺在八達嶺南五里
壽軒誌

紅荷　Red Lotus 1964
23 × 34.5cm　私人收藏

甲辰秋壽

壽桃　Peach Of Longevity　1964　18.5 × 50cm　私人收藏

蘭石　Orchid And Rock

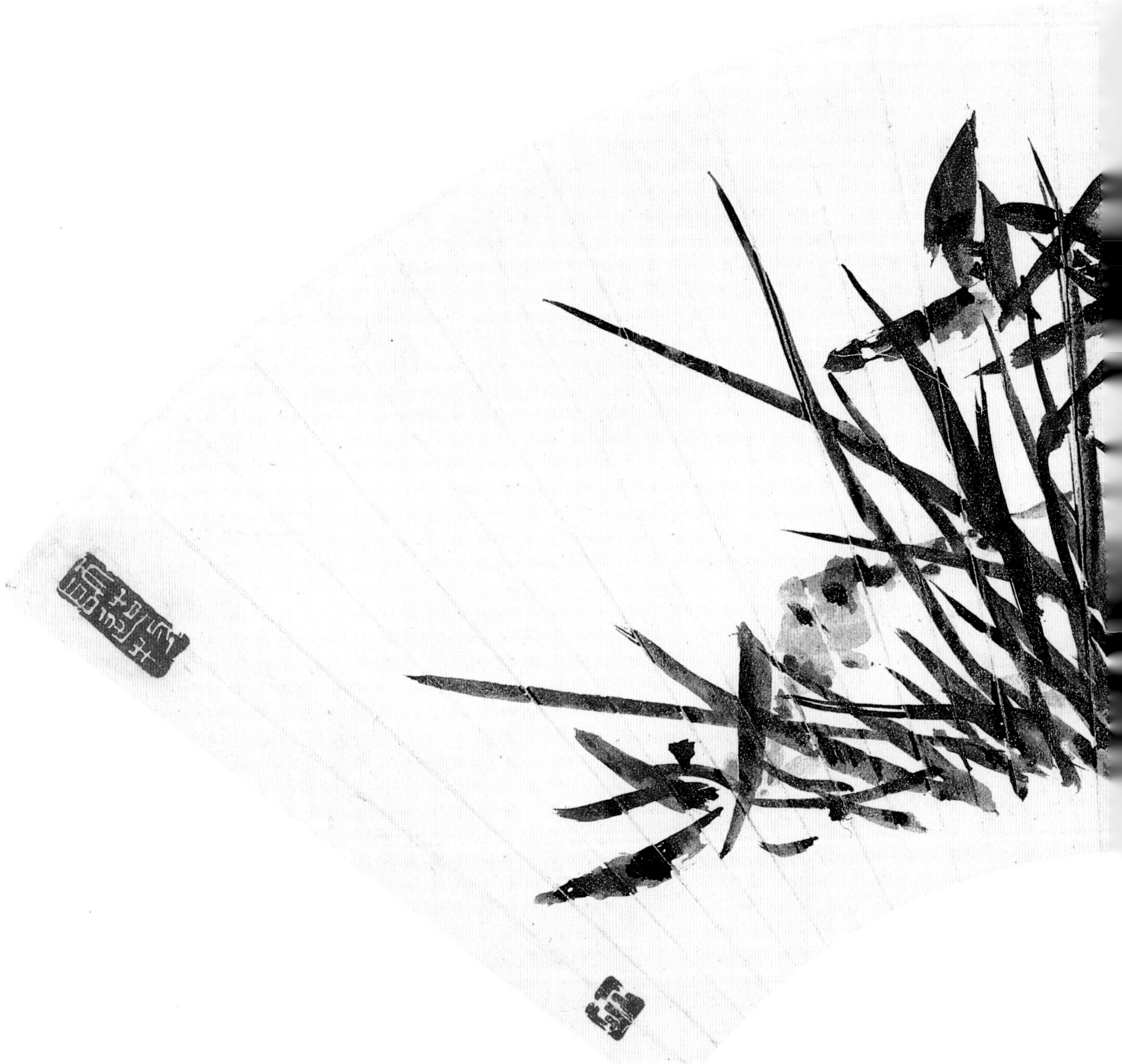

黃菊　Yellow Chrysanthemums　私人收藏

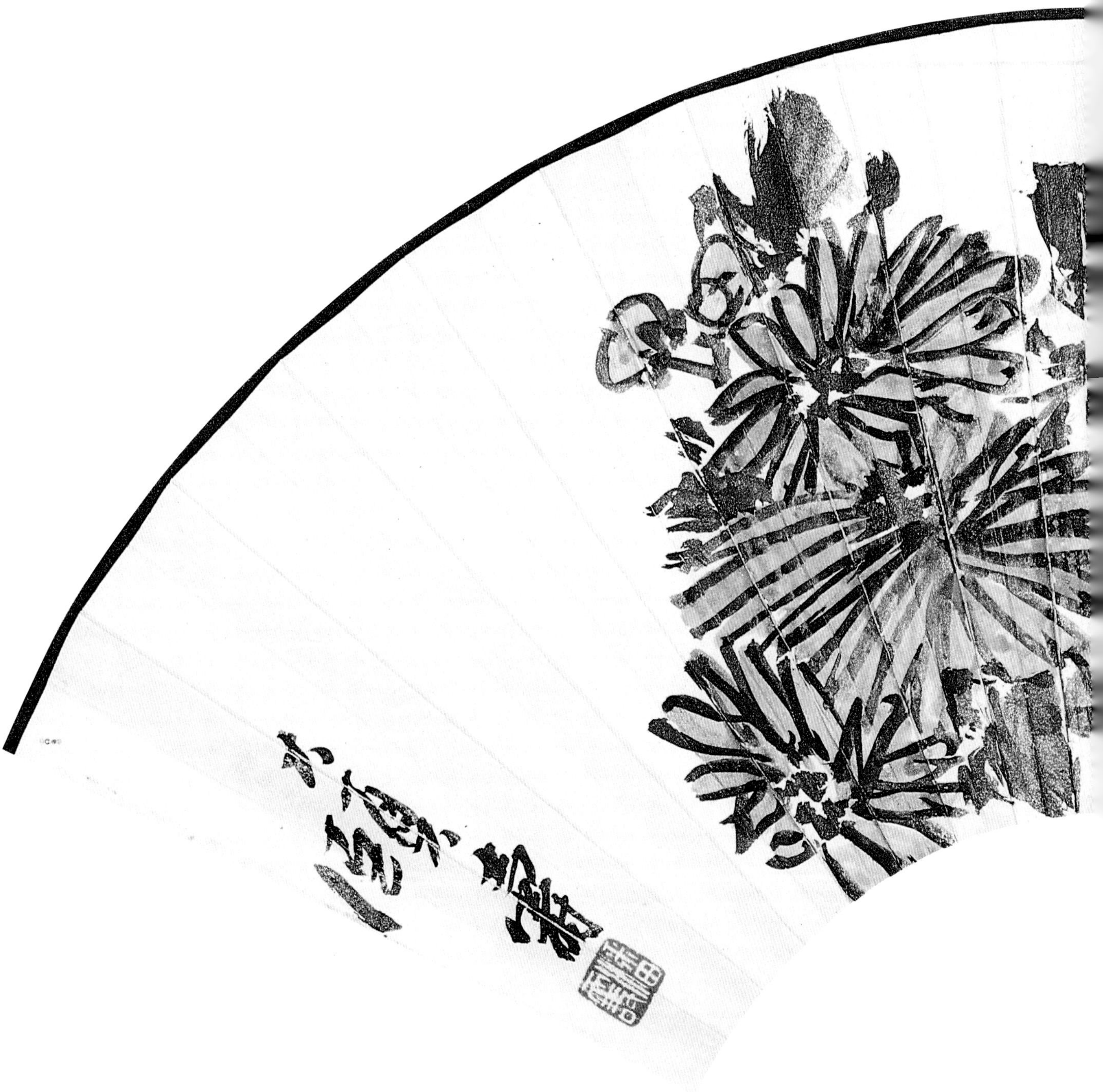

筍竹 Bamboo Shoots 18.6 × 52.5cm 潘天壽紀念館藏

清芬竹石　Bamboo And Rock　1966
18.7 × 52.4cm　　潘天壽紀念館藏

蘑菇　Mushroom　27 × 17cm　潘天壽紀念館藏

萱草　Tawny Daylily　27 × 17cm　潘天壽紀念館藏

凌霄花　Chinese Trumpet Creeper　19.3 × 28.5cm　潘天壽紀念館藏

文章

晚年的潘天壽
Pan Tianshou in his late years

畫事在有法無法間
——略論潘天壽繪畫技法淵源和作品鑒賞

鄧白

潘天壽的繪畫技法淵源

潘天壽是現代傑出的中國畫大師，他那獨特的才華，高尚的品格，淵博的學識，以及畢生爲弘揚民族藝術而獻身的精神，不僅足以享一代盛名，同時在傳統藝術寶庫中，留下了不朽的珍貴遺產。

他生活於二十世紀動亂的舊中國，經歷了清末、民國和中華人民共和國三個不同制度的時代，無論思想、生活、學識，必然受到當時社會意識的影響，經受着嚴峻的現實考驗，有苦悶、彷徨，也有興奮、愉快。因而在潘天壽的世界觀和藝術觀上，出現了前後迥不相同的變化，這是完全可以理解的。爲了叙述方便，他這種變化可略分爲三個階段：

一、青年階段

從一九一五年(十九歲)潘天壽進浙江省立第一師範學校求學起，得到名師經亨頤、李叔同的熏陶，初步懂得做人和治學的道理。他從小就酷愛美術，十四歲立志要做一個畫家，沒有師承，一部《芥子園畫譜》就是他的啟蒙老師。憑着自强不息的性格和鍥而不舍的決心，獨自摸索。入了第一師範後，有了名師指導，對詩、書、畫、篆刻增加了濃厚興趣，如饑似渴汲收各方面的知識。他特別敬仰李叔同的人品學問，但可惜李叔同教的是西畫寫生，與文人畫技法難於融合，故仍靠不斷摸索，走自己的路。直到一九二三年至上海女子工校任教，不久又受聘於上海美專任中國畫教席，才是他從藝歷程中一個決定性的轉折點。

在上海有機會參加更多的藝術活動，他開闊了眼界，增廣了見聞，並且先後結識了陳師曾、王一亭、黃賓虹、吳昌碩等前輩，親聆教誨，博採衆長，得益不少。尤其受吳昌碩的器重，贈詩勉勵，有『一跌須防墮深谷，壽乎壽乎愁爾獨！』語重心長的規戒，對這個初出茅廬的青年人指明努力方向，走上康莊大道，由粗野而漸趨雅重，由生澀而漸臻成熟，打下了文人畫的紮實基礎。

二、中年階段

自從一九二八年(三十二歲)潘天壽應西湖藝術院之聘，任中國畫教授，並定居杭州，連續十年過着安定平靜的生活。在西湖風景如畫的幽美的環境中，不但增添了他的詩情畫興，同時，也堅定了他獻身美術教育的決心。在認眞教課之餘，創作了不少吳派的寫意作品。

爲了進一步探索文人畫的秘奥，他集中精力，系統地深入分析比較，摸淸它的本質和特長。文人畫派是一

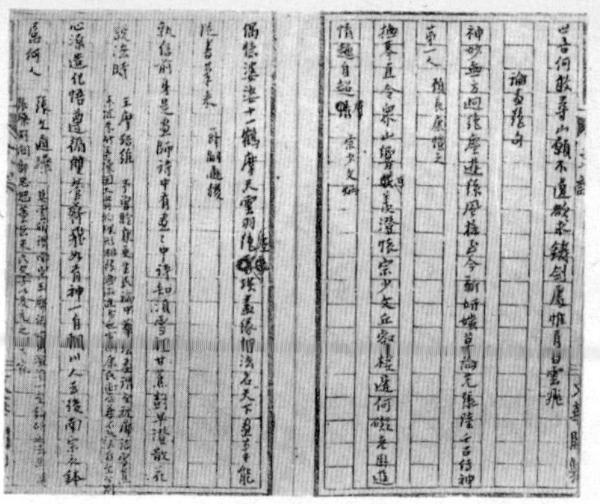
潘天壽《論書絕句》稿
Draft of Pan Tianshou`s “On Writing Poems”

個有代表性的畫派，發展了寫意技法，追求高雅格調，重視人品學養『是寶貴的民族傳統文化之一，不應隨便廢棄』。但也存在脫離社會現實，缺乏生活實踐，强調宗派等缺點。他指出：『凡文人畫往往重文人風趣，而缺功力，即董氏之所謂頓悟禪也。』董其昌倡唯心禪學，『直指頓悟，一超直入如來地』，不必勤修苦練，與潘天壽的苦學精神背道而馳。故他又說：『無十年面壁之功，徒以頓悟護短，爲明清士夫通病。』

因此，他不限一家一派，不存門戶之見，從唐、宋各大家到明末四高僧，都認眞學習、研究，旁搜遠紹，取精用宏。甚至連浙派的戴文進、沈啟南、藍瑛三家，也不視爲『野狐禪』，而批判汲收其技法之長。他最欣賞石濤說的『我用我法』的卓論，深感『誰有創造，誰就能在歷史上佔一席之地』，決不可永守前人繩墨，毅然從吳派的畫風中擺脫出來。『既貴有所承，亦貴能跋扈』。儘管他對吳昌碩各方面造詣十分欽佩，但有繼承還須有發展，學石濤似石濤，學八大似八大，學吳昌碩似吳昌碩，即使學得可以亂眞，也不過拾人餘唾。石濤所謂『縱逼似某家，亦食某家殘羹耳，於我何有哉？』故他在西湖藝術院的十年，正是『面壁十年圖破壁』，跳出各派的樊籬，另闢蹊徑，邁出重要的一步。

正當他積極變法，企圖突破文人畫的局限時候，出乎意外，日本軍國主義發動了侵華戰爭，戰火很快逼近杭州，學校奉命遷入內地。潘天壽也隨著輾轉流離，眼看民族危亡，山河破碎，不僅不能繼續創作，連藝術教育也瀕於停頓。在八年抗戰中，他心情苦悶，很少作畫，惟慷慨悲歌，吟了不少愛國憂時的詩句，一向不問政治，過著魏晋名士遺風生活的潘天壽，這時給日寇的炮聲驚醒過來，由彷徨悲憤，變爲激昂振奮；由對敵人的憎恨，更堅定强烈的民族信心。確信抗日戰爭必勝，堅持不離藝術教育崗位，奔波於抗戰後方，接任國立藝專校長，使這所唯一的美術高等學府弦歌不輟，終於又在勝利歡聲中遷返杭州。

三、老年階段

一九四九年（五十三歲）杭州解放，潘天壽迎來了藝術新生。從此，他眞正進入黃金時期，充分發揮了他的創造力，以其磅礴的氣勢，洋溢的熱情，創作了大量新穎傑出的大型作品，具有强烈的民族氣派和鮮明的時代特色。尤其在一九五五——一九六五年之間，是他作品最豐，成就最著，一生中最輝煌的十年。

自從建國以來，潘天壽有機會接觸新社會各項措施，把一個貧窮落後的舊中國，改變爲朝氣蓬勃、欣欣向榮的新中國，感到從未有過的興奮和自豪。特別是教育方針、文藝方針對他啟發鼓舞很大。他衷心擁護，自覺要求跟上時代，不做背時人。思想境界不斷提高，繪畫技法也隨之獲得新的變化，一改過去那種逸筆草草、荒涼蕭颯的情調，而爲剛勁渾厚、雄闊壯麗，煥發出青春的活力，從文人畫的統系中解放出來，在『推陳出新，古爲今用』的指引下，作出了突出的貢獻。

最足以代表潘天壽這一階段藝術特色的，是他那雄渾奇縱、淋漓壯闊的獨創風格，無論數米巨製或册頁小品，都是眞力彌漫，激揚豪放，神警骨峭，元氣皦暎。那些突屹的巨石，撐天的勁松，威猛的鷹鷲，映日的荷花，無不叩人心弦，開豁眼界，一種浩然之氣，給觀者以崇高的美的享受，連一些不爲人們注意的山花野卉，經過他的筆下，也賦予了特殊的魅力。如《雁蕩山花》、《小龍湫下一角》等作品，採用山水與花卉結合的手法，別出心裁，一片生機，盡態極妍，化平凡爲神奇，在中國繪畫史上還找不到先例。

尤其值得重視的是在筆畫之外，

潘印
天壽

他又作指頭畫，這在淸代高其佩以後，無一人可與之相比，他把指頭畫推向新的發展。在潘天壽的遺作中，指頭畫精品，佔有很大比重。他曾說：『余作筆畫外，間作指畫，爲求指、筆運用之不同，彩色墨趣之相異，互爲印證耳。運筆，常也；運指，變也。常中求變以悟常，變中求常以悟變，亦係鈍根人之鈍法歟。』其實他自謙所謂的『鈍法』，正體現他對藝術上不斷求變，不斷求新的精神，利用指畫技法難度的特點，獲得似生非生，似拙非拙，似能非能，以及意到指不到，神到形不到等妙處。如《梅月圖》、《松鷹圖》、《雙鷲圖》、《映日荷花》、《無限風光》、《初升》、《晴霞》、《秋夜》、《欲雪》等圖，都是力和美的高度結合，縱橫捭闔，生動精奇，極簡練處極精到，極奇特處極工穩。如果說潘天壽的指頭畫是他藝術最突出的貢獻，決不算溢美之辭。歸根結底，是他苦心孤詣，擺脫前人筆墨畦徑，出新意於法度之外，達到『有法無法之間』的妙用，故能在百花齊放的藝壇中獨樹一幟。

總之潘天壽的藝術有其深厚的基礎，善於汲收各家之長，在他的筆下，有董源之骨，牧谿之神，元四家之氣韻，石濤、八大之意境，劉、李、馬、夏的功力，以及吳昌碩、高其佩的影響，然皆驅役衆美，自成一家，超越前人法度。他的作品，風格鮮明，手法多樣，構圖新奇，意趣高華，不愧大家規範。

關於作品鑒賞問題

據說近來常發現冒牌潘天壽繪畫的贗品，充斥於國內外書畫市場，這不僅使購畫者上當受騙，而且玷辱了這位國畫大師的淸譽，是一種犯罪行爲。

我不是鑒賞專家，對於如何鑒定眞僞問題，沒有經驗。但我很了解一個畫家(特別是大畫家)的作品，不能單靠畫面上筆墨技法和題跋、印章等來識別它是否眞迹。研究者的任務就是集思廣益，從根本上找出作者繪畫技法的主要淵源，提供作品鑒別參考。

書畫之有贗品，古已有之，不自現在始。而且作僞技術，越搞越精，層出不窮，達到幾可亂眞的程度。宋代著名書畫家米芾就善於作僞，他的同代人趙希鵠，在《洞天淸祿集》揭露：『米元章就人借名畫，輒摹本以還，而取其原本，人莫能辨。』可知其作僞之精。故歷代名畫留傳下來，大多贗品，不足爲怪。米芾雖不是藉此圖利，但也有損淸規，殊不足取。至於近世專靠僞仿名家畫迹，欺世盜名，騙取巨金，以假亂眞，則尤爲可恥！

但是，假的就是假的，不可能變成眞，總會自動暴露出來。因爲藝術是精神產品，不像其他物質產品，可以用科學技術依樣製成。每個畫家的氣質、個性、思想、感情、學術修養，各不相同，是他人無法相似的。松年《頤園論畫》說得好：『一人有一人之面目，即父子亦不能相肖，如大令已不似右軍，善鑒者一覽而知此種筆墨必出某人。善覽者非仙也，除是人無第二人能之也。』潘天壽也說：『正氣之人，落筆也有正氣，技巧好學，這股正氣不好學。』

潘天壽主張：『有至大、至剛、至中、至正之氣，蘊蓄於胸中，爲學必盡其極，爲事必得其全，旁及藝事，不求工而自能登峯造極。』

作僞者存心不正，怎能學到這些正氣？何況潘天壽的作品，冶詩、書、畫、印於一爐；集骨力、膽力、才力、功力於筆下，厚之以學養，崇之以人品，得之於妙悟，成之於眞誠。奇而不怪，放而不狂，無法而有法。豈區區作僞者所能夢見。魚目終難混珠，狗尾豈可續貂，明眼人一見即能辨其眞贋。『多行不義必自斃』，其下場可想而知了。

談潘天壽書畫的鑒定問題

徐建融

中國書畫的鑒定，向來以筆墨風格爲主要依據，印章、款題、紙張、幅式等爲輔助依據，其他如文獻著錄、畫册圖版等等則爲旁證材料。就現當代書畫的鑒定而論，筆墨風格作爲主要依據的作用更加突出。因爲，利用現代科技手段，對印章的複製幾乎可以做到毫釐不爽，而款題的意義，除文字內容外，一般也納入筆墨風格的範疇才能起到它的作用。至於紙張、幅式乃至顏料、印泥等等，現當代人作僞現當代人，無須『做舊』，除非鬧出明顯的笑話，其作用更微乎其微。而文獻著錄、畫册圖版，則難以網羅所有被鑒定的對象，加上書畫鑒定，多以目鑒爲主，考訂爲次，現當代書畫鑒定，尤爲如此。這樣，考訂的意義也就遠不如在古書畫鑒定工作中的重要。

準此，本文所談潘天壽書畫鑒定問題，着重分析其作爲主要依據的筆墨風格。當然，這並不意味着可以撇開其他的輔助依據和旁證材料。一般說來，在書畫鑒定工作中，當主要依據足以說明問題時，通過輔助依據和旁證材料可以加强這種說明，當主要依據不足以說明問題時，通過輔助依據和旁證材料可幫助作出說明。如蘇富比拍賣公司曾推出署名傳抱石《毛澤東詩意圖册》，從筆墨風格來看，與眞迹十分相近，後來鑒定者從款題書風及印章鈐用發現漏洞，遂定爲僞。對潘天壽書畫的鑒定，我們也不排斥出現這種情況的可能。

所謂『筆墨風格』，不可能離開『藝術風格』的概念來認識。而藝術風格又有層次的不同、時代性的不同、地區性的不同、個性的不同。只有充分地認識了這其間錯綜複雜的關係，我們才能有效地運用這一依據，爲鑒定工作服務。

在藝術史的教學和研究中，我曾反覆申述，對一件書畫作品藝術風格的分析，可以分成三個層次加以由淺入深、由表及裏的認識。第一個層次是它的題材、內容、章法、結構、造型、結體。它畫的是甚麽？是人物還是山水？走獸還是花鳥？在人物、山水、走獸、花鳥中又是一些怎樣的具體形象？它寫的是甚麽？是古人詩文還是自製詩文？是篆書還是隸書？楷

大頤壽者

書還是魏書？行書還是草書？以及在章法上是疏還是密？在造型方法上是寫實還是寫意？等等。這一層次，是人人可以看得見，看得懂的。因而也是表層的。在通常的觀念中，題材屬於『內容』的範疇，章法、結構、結體、造型屬於『形式』的範疇。對於藝術作品的認識，至此就已經完全可以滿足，無須再作進一步的深入。然而，對包括鑒定工作在內的藝術史的研究來說，這樣的認識還是遠遠不夠的，它只是停留在如蘇軾所說的『見與兒童鄰』的水平上。

藝術風格的第二個層次是筆墨，是粗還是細？濃還是淡？乾還是濕？輕還是重？疾還是徐？圓還是扁？平順還是逆澀？直率還是絞轉？雄強還是軟弱？等等。筆墨也由於所使用的工具、材料的不同而可以引起千變萬化的形態。例如，用筆與用指不同，用長鋒與用短鋒不同，用狼毫與用羊毫不同，用新筆與用禿筆不同，用松煙與用油煙不同，用舊墨與用墨汁不同，用生紙與用熟紙不同，用宣紙與用皮紙不同，等等。這一層次，並不是人人可以看得懂的，因而也是非表層的，但它畢竟又是看得見的，而且是可以爲少數有識者看得懂的，因而又是非深層的。易言之，這一層次是介於表層與深層之間的。就其與表層的連接而論，通過筆墨的『語滙』構成爲章法、結構、造型、結體的『形式』，通過這些『形式』再構成爲題材的『內容』。就其與深層的連接而論，我們無須關注它作爲『語滙』所構成的『形式』以及由『形式』所傳達的『內容』，而可以撇開這些『可見世界』的表象，直抉其相對獨立的審美內涵所包蘊的『不可見世界』的廣大精微。

由筆墨所揭示的這一『不可見世界』，便是藝術風格的第三個層次的，也是最深、最終和最高、最後的層次。它就是氣韻、意境、情感、精神等等。所謂書畫作品的『內容』，歸根到底，正是指此而言，而不是指題材而言。否則的話，特別在書法創作的情況下，便難免把所書寫的詩文作爲他的『內容』了。事實上，對於這一終極的層次，只有極少數人才能認識它、體悟它。古人所謂『氣韻必在生知』、『得意忘形』、『取之象外』、『只可意會不可言傳』等等。道理正在於此，書畫鑒定如相人，必以精神爲上，只有能夠深入到這一層次，才算眞正懂得了書畫。對於藝術史的研究工作來說如此，對於鑒定工作來說同樣也是如此。

藝術風格三層次的關係，可以比作大海。大海的表層或風起浪涌，或水波不興；中層則相對平穩；深層更近乎不動，而內涵最爲璀璨。所以，某一個書畫家，他的取材、章法、結構、造型、結體可以千變萬化，而他的筆墨形態基本上是比較穩定的，他的筆墨形態可以有所出入，今天畫工筆，明天作意筆，而他的意境、氣韻則基本上是穩定不變的。

雖然，鑒定工作所要認識的，最終的還是作品的意境、氣韻，但由於意境、氣韻是可感而不可見，而我們的認識又是從『目鑒』開始的，所以，筆墨的風格，習性就成爲鑒定工作主要依據中的核心內容。題材、章法、造型等等都是可以模仿的。如對倪瓚的山水，通過拷貝可以達到一式無二，但對其若疏若淡、若有若無的筆墨之妙，即使高手大家如沈周，也總是相隔一層，不是『不及』便是『過頭』，從而，對於它的意境、氣韻，也就更加相去霄壤了。對潘天壽的作品，同樣也是如此，題材、章法好摹，而『一味霸悍』、力敵萬鈞的筆力決非常人所能企及。

但是，題材、章法等等表層的東西，對於我們認識藝術風格也決不是一點沒有價值。如果說，筆墨是認識意境的出發點和立足點，那麼，題材等等正是認識筆墨的出發點和立足點。更何況，一個時代有一個時代的題材選擇、章法造型和結構結體特

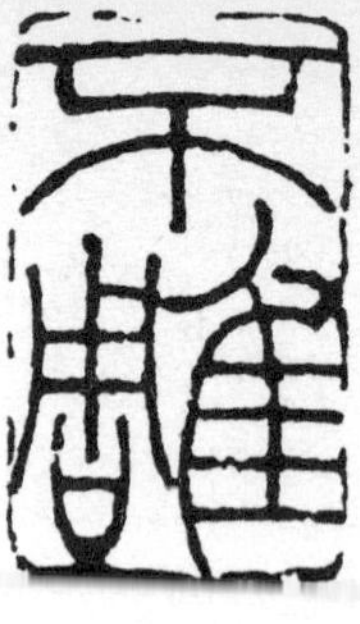

不雕

點，一個地區有一個地區的題材選擇，章法造型和結構結體特點，一個書畫家也有一個書畫家的題材選擇、章法造型和結構結體特點，而筆墨的表現，也在很大程度上是服從並服務於一切的。例如，潘天壽『强其骨』的筆墨，便與其蒼松、禿鷲、荷花的題材選擇大有關聯，卻難以用來描繪黃鸝、畫眉等嬌小的物象。因此，以筆墨作爲鑒定工作主要依據的核心內容，並不是意味着可以舍棄對藝術風格中其他方面的認識和把握，正如以藝術風格作爲鑒定工作的主要依據，並不是意味着可以舍棄其他輔助依據和旁證材料。

基於如上的分析，下面我們就可以結合風格的時代性、地區性來剖析潘天壽的筆墨個性，及其在鑒定實踐中的意義和運用。

潘天壽擅長花鳥畫，偶作山水、人物。他早年曾從李叔同、經亨頤學素描、書法、篆刻。一九二三年到上海，取法青藤、白陽、石濤、八大山人，又得吳昌碩指授，談詩論畫，藝事猛晋。他對中國畫創作的主張，堅持『中西繪畫必須拉開距離』和『有至大、至剛、至中、至正之氣，蘊蓄於胸中，爲學必盡其極，爲事必得其全，旁及藝事，不求工而自能登峯造極』的主張。前一個觀點，主要是針對西方文化的衝擊，就整個中國畫在當代的發展前途而言；後一個觀點，則是在前一觀點的基礎上，針對中國畫，主要是文人畫日趨萎靡、陳陳相因的狀態，就其個人的藝術追求而言。所以『至大至剛』、『登峯造極』，也正可以看作是潘天壽的個性風格特徵。

潘天壽的繪畫，早期一味强橫，盡情發揮而顯得草率，帶有較多的『浙派』習氣而缺少蘊藉之致，但膽魄之大，氣局之恢宏，是『石破天驚』的。後來經吳昌碩的規勸，他雖未全然聽取，但卻自覺地加以收斂，寓奇崛於雄渾之中。尤其是通過對清代高其佩指畫法的研究和實踐，筆墨一變爲凝重、靈動，『一味霸悍』中含有剛正淸醇之氣。他的筆墨不再是燥動飛揚的，而是沉着凝重的，也不再是草率隨意的，而是相當嚴肅認眞的。筆墨的外觀雖變了，但其內涵，依然還是『石破天驚』的。

試把潘天壽的筆墨風格與劉海粟作一比較，雖然兩者都傾向於『陽剛』的壯美範疇而以『大』爲特色，但劉海粟的『大』顯得修煉不足而發揮無蘊，潘天壽則是經過千錘百煉成其爲『大』而中氣充沛。另外，從傳統淵源的角度，劉海粟是將『南宗』的中和筆墨出之以『狂』的表現而將其外拓爲『大』的。潘天壽則是將浙派剛截的風格出之以『靜』的制馭而將其內斂爲『大』的。劉海粟的『大』如果去掉了潑墨、潑彩，僅就其骨線而論，完全是木強乏味的；潘天壽的『大』，則完全是依賴於『中西繪畫拉開距離』的原則，而將『骨法用筆』的綫推向了『登峯造極』。所以，相對而言，劉海粟易作僞，潘天壽難作僞，劉海粟難鑒別，潘天壽易鑒別。所見潘氏贋鼎，僞冒其四十年代之前未成熟的風格，較難分辨。而僞冒其五十年代之後的風格，則筆線的力量之厚薄，氣局之大小，判然可別。

試將潘天壽的筆墨風格與石魯作一比較，雖然二者都傾向於『陽剛』的壯美範疇而以『大』爲特色，但石魯的『大』顯得火山爆發、岩漿迸裂般的熱辣，狂怪怒張，圭角妄生，濃於非理性的色彩；潘天壽的『大』則如大力者推巨石，巨石未動，而其間消息，息息相關，息息相轉，濃於冷靜的理性色彩。所以，相對言而，石魯易作僞，潘天壽難作僞；石魯難鑒別，潘天壽易鑒別。

從章法結構上來分析，潘天壽個性風格的確立，大體上也在四十年代之後。其特點在於從高處、大處着眼而要求『背戾無理中而有至理，僻怪險絕中而有至情』的崇高奇俏，而他

壽者相

的造型取象，也正是服務或服從於總體的章法結構而展開的。如大塊的山石，密集的苔草等等，在組織疏密聚散方面，都是被作爲章法結構的『零件』來使用的。他善於造險以長氣勢，又善於破險而使奇峭復歸平正，四邊四角之經營，如建築之框架，推敲再三，最見慘淡，必使之落實在『登峯造極』的臨界點上而後已，決不是如一般畫家的構圖四平八穩，也不是如石魯的構圖背戾無理。所以，如果看到潘天壽四十年代以後的作品，在章法上以『登逢造極』的臨界點衡之，稍有不及的自不待言，稍有過頭的同樣也是不及。潘天壽作畫的態度之嚴肅認眞，在當代是罕見的。他每一下筆，便作千古之想，絕不會讓不滿意的作品流傳出去。因此，他的眞迹，無論在章法上、筆墨上，都是精到周密、無懈可擊的。有時，他的某一幅作品大體完美，卻有小塊的局部不盡如己意，則往往將這小塊挖去，貼上紙張後重新補繪完成。這種態度，在講求『妙手偶得』的當代中國畫，尤其是大寫意花鳥畫的創作中，可謂絕無僅見。

潘天壽的書法風格，與其繪畫筆墨風格是相一致的，早期稜峭橫肆，後期以黃道周揉合秦漢金石重加鑄造，歸奇險於平正，結體也一如構圖章法之造險、破險，特別用於繪畫題款，更成爲整體章法的有機部分，書畫關係之密切，在當代畫壇，亦推潘天壽爲『登峯造極』。此外，其題款紀年的『年』字，大約以一九六〇年爲界，此前爲正常『年』的行寫、草寫或隸寫、篆寫，此後則無論行、草、隸、篆，一律作上『禾』下『千』的結體。唯一九六〇年則兩種寫法並見，而以正常的寫法爲多。這一點，也可作爲鑒定潘天壽作品的重要參考。

總之，從章法造型到筆墨，潘天壽所刻意追求的都是一種『登峯造極』的崇高境界。所謂『語不驚人死不休』，這種追求涵有一種『寧死不屈，寧折不彎』的緊張感和悲壯感，而一點不見輕鬆、蕭散。即使他畫喜慶的場面，所給人的印象也不是熱烈的，即使他畫抒情的小品，所給人的印象也是相當嚴肅沉重甚至有些壓抑的。體現於一根綫、一塊墨的運作之中是如此；體現於綫與綫、墨與墨之間的關係中是如此；體現於花與葉、鳥與石之間的關係中是如此；體現於畫面形象與題款詩文之間的關係中同樣還是如此。一般說來，率意的畫難作僞，因爲它更注重筆性、筆力而且無規律可循；而刻意的畫易作僞，因爲它不太注重筆性、筆力而且有規律可循。尤其在古書畫的作僞中，更是如此。例如，不少被鑒定爲宋人院體的無款畫，其實出於明人之手。但這實際上是因爲我們對率意風的畫家個性比較熟悉而對刻意風的畫家個性比較生疏的緣故所致。從當代書畫的鑒定情況來看，由於我們對率意風和刻意風的畫家個性同樣熟悉，所以，作僞刻意風比之作僞率意風就相對地來得更加困難而更容易被鑒別。例如，齊白石、朱屺瞻、劉海粟、石魯的贋鼎，遠多於潘天壽、吳湖帆等，道理正在於此。當然，這裏面還有一個本身的製作難度問題，牽涉到作僞者的能力、心理使之望而生畏，卻步不前。

潘天壽畢生獻身美術教育事業，再加上他創作態度的嚴肅性、學術性，作品的數量非常之少，流傳到市場上的更少。近十年來，藝術品市場蔚然勃興，潘天壽作爲一代大師，其作品自然受到人們特別的青睞，而從香港、紐約的中國字畫拍賣情況，比之同輩畫家，其出品最少。因此，盡管他的作品最難僞製而較易鑒別，仍時有魚目混珠的現象出現，拍賣場中，除非沒有他的作品，有則議論紛紛，以他的作品爲甚。而海外人士，精於鑒別者較少，精於鑒別潘天壽者尤少，特撰此文，供市場運作的參考。

潘天壽

啟發 鞭策 鼓舞
——訪潘天壽先生

陸堅

生活在詩情畫意的杭州，對山水畫特別感到親切，自然對山水畫家也分外愛慕。雖然我們對畫都是一無所知的門外漢，但是我們卻希望得到畫家的教誨。

一九六二年十二月十五日，是一個值得高興的日子，我國當代著名的畫家——潘天壽先生，給了我們一個十分可貴的討教的機會。這天下午，我們在導師夏承燾教授的帶領下，懷著興奮的心情，到了浙江美術學院來賓接待室。

一見面，潘天壽先生就異常謙虛地說：『沒有甚麼可談啊！恐怕要使你們失望的……』一個詩、書、畫、金石各方面都有很深造詣的藝術家，竟是如此謙遜可親，更增長了我們尊敬的感情。

『潘先生不要客氣了，隨便談談吧，就談談你學畫的過程，對我們也一定有很多幫助的。』夏老師的話，表達了我們共同的要求。

『好，就隨便談談吧。』接待室一片寂靜，好像一羣小學生靜候敬愛的老師講授新的課題。

『我生長在寧海北鄉一個偏僻的山村裏。七歲的時候，進入村裏的小私塾念書。當時我就喜歡寫字、畫畫、刻圖章。最初學寫字是描紅格，後來習老師所寫的墨寫映格，最後練老師所寫的墨寫空格。每天午飯後寫一兩頁，整整地寫了五年。老師對我寫的字僅僅在習字簿上圈上幾個紅朱圈，從來沒有告訴我字如何寫，帖怎樣習，歷代書法家的名字也沒有聽說過，當然不會知道學字的常識，也不知道學字的方法，更不知道自己習了多年的字，有沒有一些進步，缺點在哪裏。但是我還是歡喜寫字。到了十四歲那年春天，我的父親將我送入城裏的國民小學去念書。那時候，小學裏仍有習字課，每周二小時。時間比私塾裏少多了，可是老師仍和私塾裏一樣，不加任何指導。不過，當時城裏的紙舖裏有石印的字帖賣，黑底白字，令人喜愛。我就買了一本《瘞鶴銘》和一本柳誠懸的《玄秘塔》來課餘臨摹。平時一有空，就到紙舖裏去看看，若有新帖，總設法買到手。這樣，我的習字才開闢了一個出乎意想的新天地。但是，從鄉間私塾到城裏小學，我的習字方法是否對頭，我的成績有否進步，仍然茫無所知。我對這種學習生活已經習慣，也不覺得孤陋寡聞的苦悶，還是喜歡寫字。』潘先生的話令我們每個人發生興趣，同時也使我們自然地聯想到，潘先生在舊社會搞繪畫不知又是走過多少曲折的道路呢！

『那麼潘先生是怎樣學起畫來的呢？』於是大家興致勃勃地問。

『我喜歡畫畫和喜歡寫字是一樣的，大概是因爲書法和畫同是藝術，它們的理法趣味也完全相通的緣故吧。我開始學畫是映描《三國志》、《七俠五義》的插圖人物。私塾裏向來沒有畫畫的課程，塾師認爲畫畫妨礙正課而嚴加禁止。我只得在課餘或放學的時間畫一些。那時候只是畫著玩，並不是眞有學畫的意圖。到城裏入國民小學以後，買到了《芥子園畫譜》，才知道畫的範圍很廣，分科複

潘天壽(右)
Pan Tianshou (right)

雜。由分部的練習，到整體的組成，由簡單的基礎理論，到高深的原則，都是由淺入深，步序井然。於是，《芥子園畫譜》就是我學畫的啟蒙老師了。並且也逐漸懂得了詩文、書法、金石以及畫史、畫理與繪畫有不可分割的聯繫。

『《芥子園畫譜》是石印的，既無顏色，又無濃淡，對著臨摹，每每發生許多困難。城裏沒有畫師可請教，只有一家親戚（姑父）是讀書人，並且愛好古書畫。到他家裏去玩，總能看到幾幅鄉下小名家的畫幅懸掛著，以爲裝飾。這就是我唯一能欣賞古畫和在技法上參考學習的場所了。此外，在附近的鄉村中，還有幾家沒落地主也保存著一兩幅古畫，自以爲祖先留傳下來的名迹，不常讓人觀看。我爲了想作參考，總是托人介紹，跑一二十里路去看畫。雖然有時覺得不滿意，但是爲了學習參考，興趣總是蠻高，沒有因跑酸了腿而有所懊悔的。』

『一個小孩子，沒有老師和朋友的指導，要想學好書法，畫好畫是多困難啊！一個人祇生活在小圈子裏，是不可能做好學問的。』潘先生發人深思的感慨，不禁使我們慶幸自己生活的時代太好了，學習的條件太優裕了。驟然一股自豪的熱流充滿了全身。

『高等小學畢業以後，我到杭州進了浙江第一師範讀書，條件當然比鄉下好得多，但是學校裏教圖畫的老師是李叔同先生，他是留學日本東京美術學校研究油畫和音樂的，他在油畫方面確有很高的成就。然而，我的性格粗放，兼之受了中國寫意畫的影響，覺得西畫要求形象的準確，光線明暗的眞實，使自己感到拘束，不痛快，因此常常草草應付，不願用功。而我所喜歡的中國畫，仍是無人指導，只得自己瞎闖。當時的杭州城裏，尚沒有開繪畫展覽會的習慣，對我學國畫有幫助的就是街路上的幾家裱畫店。每逢星期日，我總要到幾家裱畫店門口去看看有沒有好畫貼著——因爲裱畫店總是把最好的名書畫貼在出面的牆上，使大家可以看到，以招徠生意。這對無師無友孤苦伶仃地學習中國畫的我來說，不論在欣賞方面、技法方面著實有所啟發，與在鄉間比較，眞有天淵之別了。但是師範學校課程相當忙，不可能有很多時間來學習中國畫，有時只在星期日整天塗抹，手不停筆，竟能畫成二三十張。然而盲人瞎馬，奔馳在大沙漠中，無所息止。就這樣五個年頭，不知走了多少彎路，師範學校畢業後，原想入上海美術專科學校進一步學習，可是繳不起費用，只得就寧海縣高等小學教師的職位。這是無可奈何的，心裏鬱積著說不出的苦悶。現在新社會的青年求學的條件眞是太好了。我深深感到早生了五十年，以致所研究的種種均極膚淺表面，而沒有得到較多的成就。』潘先生停了停，向我們露著慈父般懇切的、深情的笑容，我們也渾身熱乎乎地，會意地笑著。

『教課之餘，還是不斷地畫畫。』潘先生越講精神越好，我們越聽越有興趣。『那時畫畫時間比念書要多，而且也比較專心，臨摹鄉間的古畫也比較有頭緒，同時也研究些畫史、畫稿，然而對古畫還談不上欣賞，還不知好壞，對於風格面貌的異同，派別系統的變遷，技法與實踐相結合等等仍是完全不了解。由於性格粗放，我總覺得寧海在萬山之中，生活孤陋寡聞，限制了畫筆的馳騁，因而托友人介紹到上海教書。到了上海以後，參考古近名家的畫迹既多，接受名書畫家的教益又廣，而且也有機關將自己的作品參加某些展覽會。過了半年，上海美術專科學校要辦國畫系，他們覺得我的畫有些天分，就聘我教『中國畫』及『中國畫史』。上海爲全國名畫家集中之地，當時吳缶廬、黃賓虹、王一亭諸前輩都在上海，眞是人

潘天壽攝於一九六五年
Pan Tianshou in 1965

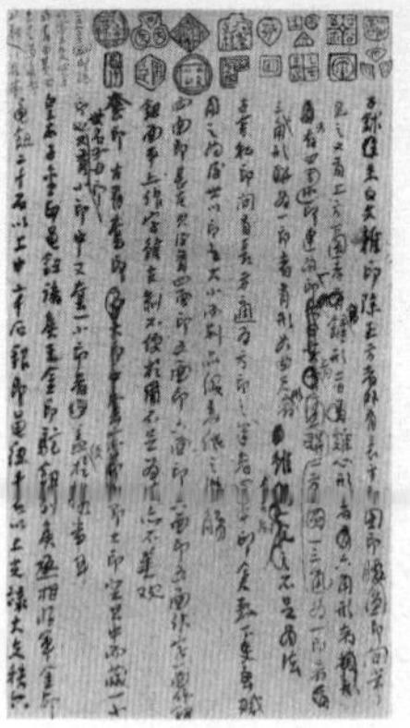

潘天壽《治印叢談》稿
Draft of Pan Tianshou`s "On Seals"

才濟濟，我敢去就任這些課程，眞是『初生之犢不畏虎』。我原想進上海美專學習中國畫的，事隔經年，竟進了美專教中國畫，這使自己飄飄然有列子御風①之慨，現在回想起來眞是可笑之至！』潘先生又意味深長地笑了。

『在上海美專教課時，有一個暑假，上海『天馬會』開畫展，我和諸聞韵負責指揮佈置中國畫部分。佈置好後，我和聞韵說：『這次展品中，陳師曾先生的花卉如墨蕉、梧桐諸條幅，都很精彩。』聞韵說：『這次陳先生的作品不但花卉好，幾幅山水也十分好。』可是我一點也沒有注意到。後來特地去看，還是並不覺得它的特別好處。畫展結束後，師曾先生的展品留存在劉海粟家，並常常調換懸掛，以爲欣賞。我向來是畫寫意花卉的多，對於山水方面，所用的工夫不多，所以師曾先生的畫掛在壁上，我卻『熟視無睹』。此後我也常研習山水畫。一年以後去海粟家，師曾先生的畫仍掛在畫室裏，一溜眼，覺得畫得很好；再隔一年，又去海粟家，仍然看到師曾先生的山水，更覺好；到第三次看到的時後，覺得好以外，並知道師曾先生山水的來龍去脈，工夫深沉，兼以天分高超，學養豐富，故能駸駸地獨闢行徑於當時畫壇，實非一般畫家所能望其項背。倘使我當時不在山水畫上作三年的努力，恐至今仍不知道師曾先生在山水畫上的成就。這就是說，欣賞詩文繪畫，非有刻苦的實踐，多方的探討，就不能有較深的體會。』潘先生抑揚頓挫地重複地教導我們：『要實踐，要用笨工夫！要苦幹！要耐心！做學問本身是苦的，但只有不怕苦的人，才能嘗到甜的滋味。畫家不動手，詩人不動筆，是不行的。開始學畫的時候，路子要走得廣一些，要多學幾家，各取其長。』這是潘先生的寶貴經驗，對我們學習文學和語言的人，也有很大的指導意義。

潘先生的畫是有著深厚的傳統根底的。他對前人的成就極爲重視。他說：『我未聽說過，一個畫家不繼承遺產而能有所成就的。小孩子學畫，沒有老師指點，不向前輩索取，總是不會成熟的。』但是潘先生更强調：『藝術家必須要有自己的獨特風格。八大山人喜歡畫小麻雀，新羅老人也喜歡畫小麻雀，白石老人有時也畫麻雀，小麻雀是同的，而畫的技巧風格卻完全不同。因爲八大山人、新羅老人、白石老人，各人有各人的性格和生活習慣，各人有各人的學問修養和思想體系，也各人有各人的表現技巧。因此欣賞三家所畫的麻雀，各有不同的情味。如果說八大山人的麻雀畫得好，人人都來摹仿它，即使摹仿得一模一樣又有甚麼意義呢？』

潘先生的話撥動了我們思想的琴弦，開啟了我們的心竅。大家覺得他不是在談自己的經歷，而是在指示我們如何學習，如何做學問。我們又毫無拘束地向潘先生請教了一連串的問題。他總是謙遜地微笑著給我們滿意的回答。

多麼值得回憶的三小時！我們得到了很大的教益，獲取了許多在課堂上學不到的寶貴知識。大家心頭洋溢著滿載而歸的喜悅，回校後耳際仍回響著潘先生的聲音：

『一個人在世不祇是爲了吃好的、住好的，至少要在某一方面有所作爲，對社會作出貢獻。做學問的人，要眞正對社會作出貢獻，是吃力的，艱苦的，道路是崎嶇不平的；但祇要百折不回，堅持不懈，總是會有成就的。』

註釋：

①語出《莊子·逍遙游》：『夫列子御風而行，泠然善也，旬有五日而後反。』意即：列子乘風游行，輕妙自得，過了十五天而後回來。潘先生引用此語可能是說明『飄飄然』之狀。

欣慰的懷念

陸儼少

我同潘老的接觸並不那麼多，時間也很短，但是潘老對我來說眞有一種知己之感。我在一九六〇年到浙江美院來教課之前，同潘老是不認識的，潘老一定要叫我來，就來了。到浙美以後，潘老對我是很好的。潘老這個人確實是腳踏實地，很忠厚，待人非常誠懇。他的畫是傑出的，他的人品也是傑出的。我舉個例子，我那時來的時候是住在小塔兒巷旁邊的小攤裏面，潘老到學校裏來，就到我這裏來坐一會。有一次他來，忽然講起，問我：『好的老師教低年級好呢還是教高年級好？』他這樣憑空提起來，我想他一定在這個問題上已經思考了很多時間。他總是講要把學校辦好，他是非常認眞地對待教學工作的，所以他就提出這樣一個問題。他同我談起，低年級就用好老師教，爲的是使學生有一個好的起步，他認爲這一點很重要。那麼低年級用好的老師，高年級叫甚麼人來教呢？這個問題當時我也回答不出，只覺得好老師不夠用。從這裏可以體會到，他對怎樣才能把學校辦好，怎樣提高教學質量，他是無時無刻不放在心裏的。潘先生這個人，我接觸後感到他從來沒有讀書人的架子，他是非常正直，非常樸實的。這同他的畫是一致的。從他的畫，他的圖章都可以看出這一點。他刻的圖章，都是些警誡自己的語言，很謙虛很坦直，他常說搞藝術要保持自己的風格特點，風格特點不是憑空來的，同人的內心品德修養是相聯繫的。一個畫家要在一定的基礎上，刻苦修養到一定的階段，把自己內心的東西眞實地表現出來，才能稱之爲藝術。所謂畫如其人，是有道理的。潘老的畫就是畫如其人的典型，是水平最高的藝術。潘老爲人正直，表裏一致，同他的畫一樣，他畫出來的畫與他自己的個性想法是一致的。當時在吳昌碩、齊白石的風格風行一時的時候，他能夠有自己的面目，是很不容易的。這同他的個性品格是完全相關聯的。所以潘老的爲人和畫對我們來講都是一種榜樣。十年浩劫已經過去了，在十年浩劫裏面，那些事情講起來是一個痛苦。潘老的慘死對美術界的損失是難以彌補的。我們應該怎樣繼承潘老的遺志，學習潘老，以潘老爲榜樣，怎樣才能使自己做得好一點，這正是值得我們深思的。

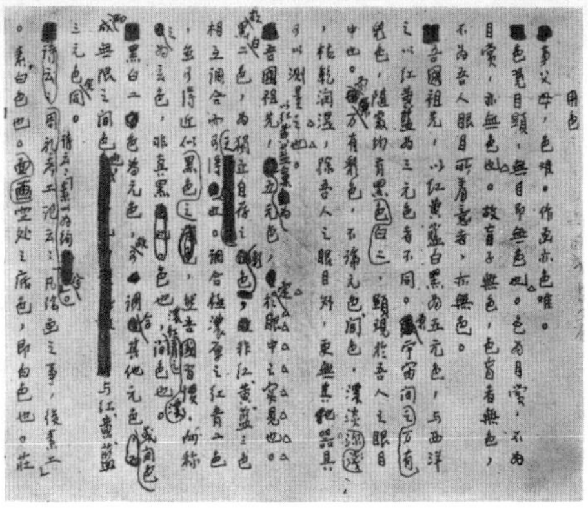

潘天壽《聽天閣畫談隨筆》稿
Draft of Pan Tianshou`s "Comments on Paintings from Tingtian Pavilion"

潘天壽與陸儼少

盧炘

一九八九年潘天壽紀念館基建已上馬，但由於經費問題，難以滿足設計要求，而設計本身又非常好，獲得了北京建築設計院兩年一度的最高獎——金厦獎。別無他法，爭取贊助，以補不足。於是請名畫家作畫也成了一個辦法。當時浙江的畫家陸儼少先生名氣最大，陸先生與潘先生關係好，要張畫本來說問題不大。但我們感到爲難的是不久前陸先生剛剛捐獻給潘天壽基金會一幅四尺整張的山水，怎麽好意思馬上開口呢！

說來也巧，那天陸先生到紀念館來看看工程進展情況，我們請他老人家在故居會議室坐定。因爲公凱不在，我向陸先生匯報了工程上的情況，最後吞吞吐吐地談到了經費的困難。萬萬沒有料到，陸先生非常爽快，答應畫一張畫，他說：『潘先生的事，我要管的。』

沒有幾天，陸先生捐獻的一幅《梅花圖》就送來了。我知道這畫凝聚着陸先生對潘先生深厚的友情。望着這幅畫，我想起了陸先生跟我講過的一些往事。

六十年代初，潘先生爲美院中國畫教學缺少教師而費心。當時，陸先生在上海被打成右派後，未能重用。不讓他畫畫，在管管資料。潘先生先派浙江美院畢業生姚耕雲去上海畫院向陸先生學畫。姚耕雲學了一年山水，臨行陸先生送他一部自己畫的杜詩册頁。

姚耕雲回杭後捧着這本册頁到景雲邨一號請潘先生題字。潘先生一翻這本册頁停住了。

『出色！』潘先生當即決定請陸先生來浙江美院主持山水教學。

他們請陸儼少帶作品來浙江美院展出，陸先生風塵僕僕趕來，他已年近六十。誰知道當畫在陳列室掛定，潘天壽與吳茀之去看了，兩人面面相覷。

『陸先生，你這是西洋畫，不是中國畫。』潘先生不甚客氣地對陸儼少說。

陸儼少這次帶來的都是新風氣的畫，此時他知道這批畫不講傳統，不對路。二話不說，他立即返回上海，三個月後帶來壹佰幅《杜甫詩意圖》，再次赴杭展出。後一次展覽十分成功，潘天壽先生興奮地對中國畫系師生說：『眞好！過去我介紹黃賓虹先生給你們，現在介紹陸儼少先生給你們，他們的畫都很了不起。』

陸儼少被聘浙江美院山水畫教授，摘帽不久的右派分子陸儼少突然走紅，上海方面有點心痛，所以曾有幾年未能正式調杭。陸先生衹得一個學期二個月在杭州，四個月回上海。潘先生作主，給陸先生二個月付六個月工資，直到陸儼少最後調進浙江美院。人才難得，就這樣陸儼少先生在杭州大顯身手，如今中國美院中國畫系山水專業之所以有這麽强的陣容和嚴謹的教學規範，陸先生功不可沒，而此間還有這樣一段潘先生重才的故事呢！

潘天壽年表

盧 炘

一八九七年（丁酉）
三月十四日，出生於浙江寧海冠莊村。學名天授，字大頤，號阿壽，署懶道人等，晚年常署雷婆頭峯壽者。

一九〇三年（癸卯）
七歲。入村中私塾讀書。開始喜歡習字和臨摹《三國演義》《水滸傳》等小說的插圖。是年，生母病故。

一九一〇年（庚戌）
十四歲。入縣城小學讀書。購得《芥子園畫傳》及一些字帖，有志於中國書畫。

一九一五年（乙卯）
十九歲。從正學高小畢業，考入浙江省立第一師範學校，赴杭州就讀。

一九一八年（戊午）
二十二歲。寒假回鄉，遵父命與同縣姜吉花結婚。

一九一九年（己未）
二十三歲。五四運動波及杭城，參加學生愛國遊行集會。

一九二〇年（庚申）
二十四歲。從浙江第一師範畢業，受五年師範教育，得到名師經亨頤、李叔同、夏丏尊等的培育和熏陶。
畢業後，因經濟原因，無力繼續深造，返寧海正學高小任教。

一九二二年（壬戌）
二十六歲。轉浙江孝豐（今屬安吉縣）高小任教，與沈遂貞就地學辦雙人書畫展。作《禿頭僧圖》等。

一九二三年（癸亥）
二十七歲。由師友介紹，赴上海民國女子工藝學校教授繪畫。同年夏，兼任上海美術專門學校國畫實習和理論課教師，與諸聞韻共創中國第一個國畫系。
結識吳昌碩、王一亭、黃賓虹等著名前輩畫家。吳昌碩厚愛有加，贈篆書對聯『天驚地怪見落筆，巷語街談總入詩』及一首七古長詩嘉勉。詩中贊其『年僅弱冠才斗量』，但也發現潘天壽對古人的重功力、嚴法則的主張有點掉以輕心，所以又婉轉地指出：『只恐荊棘叢中行太速，一跌須防墮深谷，壽乎壽乎愁爾獨。』
姜吉花生長女秀蘭。

一九二四年（甲子）
二十八歲。辭去民國女子工藝學校教職，受聘爲上海美術專門學校教授。

一九二六年（丙寅）
三十歲。與友人共同發起創辦上海新華藝術專科學校。所編《中國繪畫史》正式出版。
姜吉花生次女貞。

壽康寧

潘壽

一九二七年(丁卯)

三十一歲。新華藝術專科學校正式成立，出任藝術教育系主任。

一九二八年(戊辰)

三十二歲。杭州國立藝術院(後改名爲國立杭州藝術專科學校)創立，受聘爲國畫主任教授，兼書畫研究會指導教師。定居杭州，仍兼任上海美專、新華藝專兩校授課教師。

與姜吉花離婚。

一九二九年(己巳)

三十三歲。赴日本考察藝術教育。負責籌辦國立杭州藝術專科學校師生作品展。

一九三〇年(庚午)

三十四歲。與國立杭州藝術專科學校首屆畢業生何文如(愔)結婚。

一九三一年(辛未)

三十五歲。何愔生長子炘。

一九三二年(壬申)

三十六歲。與諸聞韻、吳茀之、張振鐸、張書旂等組織國畫研究會——『白社』，主張以揚州畫派的革新精神從事國畫創作。

何愔生女兒曦。

一九三四年(甲戌)

三十八歲。與邵裴子等人同遊黃山，並寫長詩記遊。

一九三五年(乙亥)

三十九歲。與姜丹書、朱屺瞻等同遊富春江、金華北山，訪古苧蘿村，並寫長詩記遊。

一九三六年(丙子)

四十歲。所編《中國繪畫史》修訂本出版，並被收入『大學叢書』。

何愔生次子赦。

一九三七年(丁丑)

四十一歲。日本侵華戰爭爆發，隨國立杭州藝術專科學校內遷。在十年安定的教學生涯中所創作和收藏的中國書畫，因留杭未攜走而盡遭損毀。

一九三八年(戊寅)

四十二歲。杭州藝專與北京藝專在湖南沅陵合併爲國立藝專。整理舊詩稿，編成《詩賸》一册。

國立藝專奉令西遷昆明，遂將生病無法西行的夫人何愔送回浙江縉雲丈人處，約友人繞道河內，奔赴昆明。

一八三九年(己卯)

四十三歲。國立藝專遷昆明安江村，中西畫分科，主持中國畫教學。

一九四〇年(庚辰)

四十四歲。國立藝專遷四川璧山，出任教務長。

次子赦在浙江縉雲因受日機轟炸驚嚇而夭亡。

一九四一年(辛巳)

四十五歲。按規定獲假一年，回浙江探親，並採集畫材。

一九四二年(壬午)

四十六歲。返四川，至江西上饒因病折回，獲准續假。赴福建建陽，任東南聯合大學教授。

一九四三年(癸未)

四十七歲。東南聯合大學合併於英士大學，搬遷至浙江雲和，出任藝術教育系圖工組主任。與友人同遊武夷山。教育部電示請赴重慶擔任國立藝專校長，他自認辦事能力不强，堅辭不就，並退回路費。

一九四四年(甲申)

四十八歲。教育部再次來電，國立藝專師生亦一再來電請求，仍邀謝海燕、吳茀之同赴重慶磐溪，接受校長之職，同時仍兼授國畫課程。

離浙前，《聽天閣詩存》結集出版。在磐溪編著教材《治印叢談》。

一九四五年(乙酉)

四十九歲。抗戰勝利，在昆明舉辦個人畫展。

一九四六年(丙戌)

五十歲。國立藝專遷回杭州，先

潘天壽在湖南沅陵
Pan Tianshou in Hunan

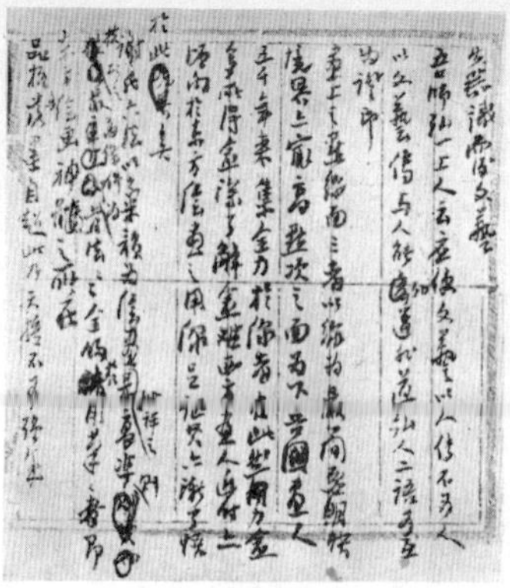
潘天壽論畫舊稿
An old draft of Pan Tianshou's commentary on painting

行赴杭參加接收，籌建校舍。

一九四七年(丁亥)
五十一歲。辭去國立藝專校長職務，全力投入藝術創作和教學，同時兼任上海美專教授。
何愔生三子公凱。

一九四八年(戊子)
五十二歲。作《松鷹圖軸》《濠梁觀魚圖軸》《柏園圖軸》《讀經僧圖》等。

一九四九年(己丑)
五十三歲。中華人民共和國成立。

一九五〇年(庚寅)
五十四歲。國立藝專改名爲中央美術學院華東分院。中西畫合併成繪畫系，中國畫被忽視。隨學校師生下鄉，作《踴躍爭繳農業稅圖》等表現時代風貌的人物畫，自嘲是『六十六，學大木』。爲留用教授，任民族美術研究室主任，與吳茀之等大量收購、鑒定民間藏畫，分類造册，裝裱修整，充實院系收藏，爲教學提供了充分的直觀教材。

一九五一年(辛卯)
五十五歲。參加皖北土改工作隊。

一九五三年(癸巳)
五十七歲。出席中國文藝工作者第二次代表大會。學院成立彩墨畫系。
作大幅指墨畫《松梅鵓鴿圖軸》。

一九五四年(甲午)
五十八歲。作《竹谷圖軸》《美女峯圖軸》《睡貓圖軸》等畫。撰寫《毛筆的常識》。

一九五五年(乙未)
五十九歲。赴雁蕩山寫生，回杭後作《靈岩澗一角圖軸》《梅雨初晴圖軸》等畫。

一九五六年(丙申)
六十歲。中央美院華東分院恢復國畫系。撰寫《顧愷之》專著。

一九五七年(丁酉)
六十一歲。任中央美院華東分院副院長。美術界批判了民族虛無主義傾向。
撰寫《中國畫題款之研究》《談談中國傳統繪畫的風格》。

一九五八年(戊戌)
六十二歲。被補選爲第一屆全國人民代表大會代表。榮獲前蘇聯藝術科學研究院名譽院士稱號。作《鐵石帆運圖軸》《小蓬船圖軸》《露氣圖軸》等。

一九五九年(己亥)
六十三歲。中央美院華東分院改名爲浙江美術學院，出任院長。出席第二屆全國人民代表大會。
應邀以《鷲鷹圖軸》《小蓬船圖軸》《江天新霽圖卷》等作品參加前蘇聯舉辦的《我們同時代人》展覽。
作《百丈岩古松圖卷》《晴晨圖卷》等。

一九六〇年(庚子)
六十四歲。任中國美術家協會副主席。
作《小龍湫下一角圖軸》《小龍湫一截圖》《百花齊放圖軸》等。繼續嘗試創作山水與花鳥相結合的新作。

一九六一年(辛丑)
六十五歲。兼任中國美術家協會浙江分會主席。出席全國高等學校文科教材會議，提出『中國畫系人物、山水、花鳥三科應該分科學習』的意見，認爲中國畫早有人物、山水、花鳥三個獨立的大系統，都受到廣大人民羣衆的喜愛；三科的學習基礎，各有它不同的特點與要求，爲了專精地培養人才，三科必須分開教學。會議上他展示了浙江美術學院國畫系的教學方案，得到上級的首肯與兄弟院校的響應，從此，逐漸形成了全國性的國畫系分科教學局面。
作《小亭枯樹圖軸》《雨後千山鐵鑄成圖軸》等。

重遊太湖。

一九六二年（壬寅）

六十六歲。個人畫展在杭州、北京等地舉辦。

在素描教學討論會上，反對『素描是一切造型藝術的基礎』的提法，以及『繪畫都是從自然界來的』，『西洋素描就是摹寫自然最科學的方法』等觀點，强調中國畫一定要建立自己的造型基礎，主張摒棄以明暗素描作爲中國畫基礎訓練的教學方法，而代之以傳統的白描、雙鈎練習；汲收西洋素描的速寫作爲基礎訓練的內容之一，並加强寫生、臨摹、默寫等訓練。由此，中國畫教學出現新面貌。

作《雁蕩花石圖卷》《雨霽圖》等。

重遊黃山。

一九六三年（癸卯）

六十七歲。任中國書法代表團副團長，訪問日本。在交流過程中，認定必須加緊籌辦書法篆刻專業。中國第一個書法篆刻專業在他的首倡下，經上級批准正式成立，開始招收本科生。與陸維釗、諸樂三、沙孟海等人一起爲此作了大量工作。

赴山東等地講學，遊泰山。

整理《聽天閣詩存》。《潘天壽書畫集》出版。

作《雁蕩山花圖軸》《無限風光圖軸》等。

一九六四年（甲辰）

六十八歲。出席第三屆全國人民代表大會。

個人畫展在香港舉辦。

作《泰山圖軸》《勁松圖軸》等。

一九六五年（乙巳）

六十九歲。參加上虞農村社教工作隊。

去湖州作畫。重遊大湖。

一九六六年（丙午）

七十歲。『文化大革命』開始，被誣爲『反動學術權威』，遭受迫害。

作《梅月圖軸》等。

一九六九年（己酉）

七十三歲。被押往家鄉遊鬥，極其悲憤。在返回杭州的火車上，在一張香煙殼紙背面寫下了他最後的一首詩：『莫此籠縶狹，心如天地寬。是非在羅織，自古有沉冤。』心身遭損，體力迅速衰竭。

一九七一年（辛亥）

七十五歲。聽罷被定爲反動學術權威的結論，憤慨之至，再度遭受打擊。數月後，於九月五日逝世。

本叢刊市場調查部

潘天壽作品國際拍賣行情

中國書畫拍賣行情，爲許多讀者所急欲了解者。惟新入門之讀者，欠缺過去拍賣資料，無從參考。本叢刊市場調查部特整理出一九八〇年以來香港主要拍賣行拍賣中國書畫之全部記錄，按畫家作品分類，依年月排次，詳列畫作資料，配合專集刊出，供讀者研究參考。本集刊出一九八〇年至一九九六年潘天壽作品之拍賣行情。落鎚價爲港元，價目空白者爲撤回作品或未到底價。

1980.5 HK$10,000 = US$2,045 = ¥456,621 = NT73,200
1980.11 HK$10,000 = US$1,965 = ¥428,265 = NT70,000
1981.11 HK$10,000 = US$1,776 = ¥383,877 = NT66,600
1982.11 HK$10,000 = US$1,527 = ¥409,836 = NT62,200
1983.5 HK$10,000 = US$1,455 = ¥336,700 = NT57,700
1984.2 HK$10,000 = US$1,288 = ¥300,300 = NT51,500
1984.11 HK$10,000 = US$1,284 = ¥312,500 = NT50,300
1985.11 HK$10,000 = US$1,285 = ¥259,403 = NT51,300
1986.1 HK$10,000 = US$1,285 = ¥260,078 = NT50,700
1986.5 HK$10,000 = US$1,285 = ¥217,391 = NT48,900
1987.1 HK$10,000 = US$1,290 = ¥204,082 = NT45,300
1987.5 HK$10,000 = US$1,285 = ¥180,018 = NT40,900
1987.11 HK$10,000 = US$1,287 = ¥175,438 = NT37,800
1988.1 HK$10,000 = US$1,285 = ¥168,690 = NT36,600
1988.5 HK$10,000 = US$1,286 = ¥161,290 = NT36,500
1988.11 HK$10,000 = US$1,284 = ¥156,372 = NT36,800
1989.1 HK$10,000 = US$1,281 = ¥163,934 = NT35,400
1989.5 HK$10,000 = US$1,286 = ¥175,439 = NT33,300
1989.9 HK$10,000 = US$1,281 = ¥188,679 = NT33,000
1989.11 HK$10,000 = US$1,280 = ¥183,958 = NT31,250
1990.3 HK$10,000 = US$1,282 = ¥195,695 = NT35,088
1990.5 HK$10,000 = US$1,286 = ¥195,351 = NT36,232
1990.10 HK$10,000 = US$1,287 = ¥167,000 = NT34,800
1990.11 HK$10,000 = US$1,285 = ¥166,030 = NT36,765
1991.3 HK$10,000 = US$1,285 = ¥177,305 = NT36,765
1991.5 HK$10,000 = US$1,286 = ¥177,242 = NT37,037
1991.9 HK$10,000 = US$1,293 = ¥171,821 = NT36,232
1991.10 HK$10,000 = US$1,289 = ¥168,805 = NT35,842
1992.3 HK$10,000 = US$1,293 = ¥172,533 = NT34,483
1992.4 HK$10,000 = US$1,291 = ¥172,265 = NT34,483
1992.9 HK$10,000 = US$1,295 = ¥155,352 = NT34,483
1993.3 HK$10,000 = US$1,295 = ¥153,610 = NT34,843
1993.4 HK$10,000 = US$1,296 = ¥144,970 = NT34,843
1993.10 HK$10,000 = US$1,294 = ¥140,213 = NT35,714
1994.5 HK$10,000 = US$1,295 = ¥131,527 = NT35,088
1994.11 HK$10,000 = US$1,296 = ¥126,422 = NT35,842
1995.5 HK$10,000 = US$1,295 = ¥108,519 = NT33,784
1995.10 HK$10,000 = US$1,295 = ¥131,527 = NT35,971
1996.11 HK$10,000 = US$1,296 = ¥146,951 = NT36,630

拍賣行	年	月	編號	作品名稱	墨色	質地	形式	創作年代	縱、橫(厘米)	落鎚價(港元)
蘇富比	一九八〇	五	四二	菊酒	設色	紙本	立軸	一九五九	六五·五×四五·五	一萬二千
蘇富比	一九八〇	五	四三	牡丹	設色	紙本	冊頁	一九六五	五四×四八	一萬八千
蘇富比	一九八〇	十一	三三	瓜蟲	設色	紙本	立軸		四六×三四	二萬四千
蘇富比	一九八一	十一	三二	山人	水墨	紙本	冊頁	一九二四	二二×三二	五千五百
蘇富比	一九八一	十一	三三	青蛙	設色	紙本	立軸		六〇×四七	二萬
蘇富比	一九八二	十一	三四	鳥石圖	設色	紙本	立軸	一九四八	一三五×四二	五萬
蘇富比	一九八三	五	三六	花鳥	水墨	紙本	手卷	一九五九	二二×二七三	十四萬

大頭壽者

蘇富比	一九八三	五	三七	墨貓圖	水墨	紙本	立軸		四三×四五・三	
蘇富比	一九八四	二	三五	映日	設色	紙本	立軸	一九六五	七六×四一・六	四萬二千
蘇富比	一九八四	二	三六	美人蕉	設色	紙本	立軸		七一・五×四一	
蘇富比	一九八四	十一	四八	小雞	水墨	絹本	成扇		一九×五二	
蘇富比	一九八四	十一	四九	濃艷圖	設色	紙本	鏡片	一九六五	五四×四八	
蘇富比	一九八四	十一	五〇	墨竹	水墨	紙本	扇面	一九四九	一八×五二	
蘇富比	一九八五	十一	五三	入山圖	設色	紙本	立軸	一九二八	一七八×四六	十二萬五千
蘇富比	一九八五	十一	五四	凌波仙子圖	設色	紙本	立軸		八九・五×五一・五	
蘇富比	一九八五	十一	五五	菊酒	設色	紙本	立軸	一九五九	六四・六×四五・四	二萬五千
佳士得	一九八六	一	九五	頭陀圖	設色	紙本	立軸	一九二三	一三六×六七	八萬五千
佳士得	一九八六	一	九六	盆菊	設色	紙本	立軸		一二一・五×四〇・五	
佳士得	一九八六	一	九七	八哥	水墨	紙本	立軸		六〇×四五・六	
蘇富比	一九八六	五	七二	甲骨文	水墨	紙本	立軸	一九四三	一四四×五六	
蘇富比	一九八六	五	七三	竹石圖	設色	紙本	立軸		三〇×一八・二	一萬八千
佳士得	一九八七	一	七一	蘭竹	水墨	紙本	立軸	一九六〇	六九・五×三五	四萬
蘇富比	一九八七	五	一一二	靈芝	設色	紙本	立軸		一一七×四三	七萬五千
蘇富比	一九八七	十一	二九	鳥	水墨	紙本	立軸		七七・五×四〇	七萬六千
蘇富比	一九八七	十一	八八	荷花	設色	紙本	立軸		五九・五×五二・四	五萬
佳士得	一九八八	一	三一	白菜磨菇	水墨	紙本	立軸	一九六五	三二・二×四五・五	三萬
佳士得	一九八八	一	九一	松石蟾蜍圖	設色	紙本	立軸		九八×六七・五	十二萬
佳士得	一九八八	一	二二〇	雙鷹圖	設色	紙本	立軸		九八×六七・五	
蘇富比	一九八八	五	一三	壽松	設色	紙本	立軸	一九三五	一〇一・五×四五・六	七萬
蘇富比	一九八八	五	七八	珠聯璧合(與錢瘦鐵合作)	設色	紙本			六八×一一九・五	六萬五千

阿壽

蘇富比	一九八八	五	八七	荷花	設色	紙本	立軸	一九六三	五二×六一	五萬八千
蘇富比	一九八八	十一	六六	寶沈齋讀書圖（與寄翁合作）	設色	紙本		一九四四	二三・五×一四七	
蘇富比	一九八八	十一	一四七	魚樂圖	設色	紙本	立軸	一九六一	五八・七×三四	十四萬
佳士得	一九八九	一	一〇一	岩石棲鳥	設色	紙本	立軸		五七×三三・六	
佳士得	一九八九	一	一三九	漁父圖	設色	紙本	立軸		一〇一・六×四五・一	
佳士得	一九八九	一	二一四	雙鴉書法（兩幅）	水墨	紙本	立軸	一九二六	三四・三×四二・五 三〇・五×四二・五	
佳士得	一九八九	一	二七三	映日紅蓮圖	設色	紙本	立軸	一九五六	一〇九・二×五四	
蘇富比	一九八九	五	四九	美人蕉	設色	紙本	立軸		七一・五×四一	三萬八千
蘇富比	一九八九	五	五四	花貓虎視	水墨	紙本	鏡片	一九四四	一五〇・五×四〇	十三萬
蘇富比	一九八九	五	七九	削壁蒼松	設色	紙本	立軸	一九五四	九四・五×五二	三十二萬
蘇富比	一九八九	五	八一	映日	設色	紙本	立軸	一九六五	七六×四一・六	十萬零五千
蘇富比	一九八九	五	八三	鳥	設色	紙本	成扇	一九六三	一八・八×四四・五	十一萬
佳士得	一九八九	九	七九	鳥石圖	設色	紙本	立軸	一九四七	一三三・七×三三	十萬
蘇富比	一九八九	十一	五	山齋晤談圖	設色	紙本	立軸	一九四四	八二・八×四六・四	三十二萬
佳士得	一九九〇	三	一三	行書	水墨	紙本	立軸	一九四四	一三五×三三	
佳士得	一九九〇	三	二九	鷺石	設色	紙本	立軸		一一〇×三八	
佳士得	一九九〇	三	一三九	仿八大山人鳥石圖	設色	紙本	立軸	一九六四	九七×四五	十四萬
佳士得	一九九〇	三	一六〇	飛帆千片	設色	紙本	立軸	一九二八	一九九×五二・五	四十萬
佳士得	一九九〇	三	三〇三	草書	水墨	紙本	鏡框	一九六一	七三×二六・五	十三萬
佳士得	一九九〇	三	三六〇	絶頂觀滄海	設色	紙本	鏡片	一九四一	四三×八七・五	十五萬
佳士得	一九九〇	三	三六一	蘭花	水墨	紙本	立軸	一九六三	三四・五×三二・五	四萬二千
蘇富比	一九九〇	五	九三	東海歸航	設色	紙本	立軸	一九六四	六四・一×四九	
佳士得	一九九〇	十	三四	魚鷹覓食	設色	紙本	鏡框	一九四五	六三・五×五一	八萬五千
佳士得	一九九〇	十	一七七	鷹石	水墨	紙本	立軸		九二×四四	四萬四千

潘天壽

慎余

佳士得	一九九〇	十	一九六A	鳥石	水墨	紙本	鏡片		四五×三四	三萬五千
佳士得	一九九〇	十	一九九	秋塘一角	設色	紙本	鏡框		九〇×五四	
蘇富比	一九九〇	十一	六七	貓瓶圖	設色	紙本	立軸	一九二四	一三八×六八	二十三萬
蘇富比	一九九〇	十一	八三	蟾石圖	設色	紙本	立軸		一〇八×三四	十二萬
蘇富比	一九九〇	十一	二一二	梅鶴圖	設色	紙本	立軸		一三一・一×四二・八	
蘇富比	一九九〇	十一	二五四	甲骨文	水墨	紙本	立軸		一一一・一×四〇・五	
佳士得	一九九一	三	三七	蘭花	水墨	紙本	立軸	一九四八	六五×三三・五	
佳士得	一九九一	三	一八一	紅荷	設色	紙本	立軸	一九六二	七五×三六・六	
佳士得	一九九一	三	二〇九	蠟燭白菜蘿蔔	設色	紙本	立軸	一九二四	一三六×四九	
佳士得	一九九一	三	二六九	煙波江帆	設色	紙本	立軸	一九五四	五四×四一・三	
蘇富比	一九九一	五	五三	梅竹圖	水墨	紙本	立軸	一九三五	一三六・三×三四	四萬五千
蘇富比	一九九一	五	五七	竹石青蛙	水墨	紙本	立軸	一九四三	一三六×三四	五萬
蘇富比	一九九一	五	一五〇	靈芝	設色	紙本	立軸		一一七×四三	十六萬
佳士得	一九九一	九	六七	花卉	設色	紙本	立軸	一九二八	一三三×二八	八萬五千
佳士得	一九九一	九	一四二	墨竹	水墨	紙本	立軸	一九三九	九三×三三	
佳士得	一九九一	九	二七四	山雞	設色	紙本	立軸		五〇×四三	
蘇富比	一九九一	十	七〇	竹石圖	水墨	紙本	立軸	一九三三	一七八・八×四七	
蘇富比	一九九一	十	七一	山水	水墨	紙本	鏡片	一九二五	三三×六八・九	
佳士得	一九九二	三	二二五	鷹石圖	設色	絹本	立軸	一九五三	八〇・四×七九・六	十二萬
佳士得	一九九二	三	二二七	鷹石圖	設色	紙本	立軸	一九六五	六八×四五・五	十二萬
佳士得	一九九二	三	二三〇	松石蒼鷹	設色	紙本	立軸		一六七×九四・八	
蘇富比	一九九二	四	二二三	蟾石	設色	紙本	立軸		三四×二七・五	
蘇富比	一九九二	四	二二四	巖鞠	設色	紙本	立軸	一九六三	六〇×四八・六	
蘇富比	一九九二	四	一六〇	松、行書扇面	設色	紙本	立軸	一九六三	一八×五二・七	七萬

百花生日生

潘天壽

佳士得	一九九二	九	一八一	小憩	設色	紙本	立軸	一九六二	一一九・八×六六・八	八萬
佳士得	一九九二	九	一八二	絕頂觀雲圖	設色	紙本	立軸	一九四四	一三九・五×三四・五	十四萬
佳士得	一九九二	九	二一八	松鶴圖	設色	紙本	立軸		一四〇・八×五九	十七萬
佳士得	一九九三	三	二七六	蘭石圖	水墨	紙本	立軸	一九六四	六八・五×四一	三萬八千
蘇富比	一九九三	四	一〇三六	鳥	水墨	紙本	立軸	一九四三	四四・八×三五・八	七萬
佳士得	一九九三	十	一二九	石上八哥	水墨	紙本	立軸	一九六四	五六・八×四二・八	四萬八千
佳士得	一九九三	十	一九三	花卉	設色	紙本	手卷	一九四八	三五・五×五〇六	
佳士得	一九九三	十	三〇六	竹雞圖	設色	紙本	立軸	一九三三	一五〇・四×四〇	二萬四千
蘇富比	一九九三	十	九三六	葛嶺煉丹臺	設色	紙本	立軸	一九三〇	三三・七×三四・四	二萬五千
蘇富比	一九九三	十	九七四	荷花	設色	紙本	立軸		五九・五×五二・四	七萬
佳士得	一九九四	五	一五〇	雙棲	水墨	紙本	立軸		一五二・二×三五・四	七萬
佳士得	一九九四	五	一五二	耕罷	設色	紙本	立軸	一九五八	二二七×一二二	
佳士得	一九九四	五	二三〇	古樹老馬	設色	紙本	鏡框	一九五八	九六・五×四八・八	
佳士得	一九九四	五	二五六	夕陽山外山	設色	紙本	立軸	一九六四	五三・三×三七・四	六萬四千
佳士得	一九九四	五	二七三	菊花	水墨	紙本	冊頁	一九四七	二三・五×三六	二萬五千
蘇富比	一九九四	十一	六七一	小亭枯樹	水墨	紙本	立軸	一九六一	一三九×六六・四	
蘇富比	一九九四	十一	六四三	幽蘭	水墨	紙本	扇面	一九四九	一七・八×五〇・五	二萬六千
蘇富比	一九九五	五	一一三	山水	設色	紙本	立軸	一九三四	一三五・九×五一・一	十萬五千
佳士得	一九九五	十	一四一	鳥石	水墨	紙本	鏡框		四五・二×三四	
佳士得	一九九六	十一	一一三	梅花	設色	紙本	立軸	一九三一	一一七×五〇・三	
蘇富比	一九九六	十一	三五二	竹籠雛雞	水墨	紙本	鏡框		三五・六×一三八・五	二十三萬

潘

Auction House	Auction Date	Lot No.	Title	Feature	Finishing Year	Size (cm²)	Net Auction Price
Christie's	1991.9	142	Bamboo	ink on paper	1939	93 x 33cm	—
Christie's	1991.9	274	Chicken	ink & colour	—	50 x 43cm	—
Sotheby's	1991.10	70	Bamboo and Rock	ink on paper	1933	178.8 x 47cm	—
Sotheby's	1991.10	71	Landscape	ink on paper	1925	33 x 68.9cm	—
Christie's	1992.3	125	Three Eagles on a Rock	ink & colour	1953	80.4 x 79.6cm	HK$120,000
Christie's	1992.3	227	Bird Standing on a Rock	ink & colour	1965	68 x 45.5cm	HK$120,000
Christie's	1992.3	230	Eagle Perched on a Boulder	ink & colour	—	167 x 94.8cm	—
Sotheby's	1992.4	123	Toad on a Rock	ink & colour	—	34 x 27.5cm	—
Sotheby's	1992.4	124	Chrysanthemums on the Cliff	ink & colour	1963	60 x 48.6cm	—
Sotheby's	1992.4	160	Pine, Calligraphy	ink & colour	1963	18 x 52.7cm	HK$70,000
Christie's	1992.9	181	Birds Resting on Rock	ink & colour	1962	119.8 x 66.8cm	HK$80,000
Christie's	1992.9	182	Watching Clouds and Listening to Waterfalls	ink & colour	1944	139.5 x 34.5cm	HK$140,000
Christie's	1992.9	218	Crane under Pine Tree	ink & colour	—	140.8 x 59cm	HK$170,000
Christie's	1993.3	276	Orchids	ink on paper	1964	68.5 x 41cm	HK$38,000
Sotheby's	1993.4	1036	Birds	ink on paper	1943	44.8 x 35.8cm	HK$70,000
Christie's	1993.10	129	Myna Bird Standing on a Rock	ink on paper	1964	56.8 x 42.8cm	HK$48,000
Christie's	1993.10	193	Flowers	ink & colour	1948	35.5 x 506cm	—
Christie's	1993.10	306	Bamboo and Rooster	ink & colour	1933	150.4 x 40cm	HK$24,000
Sotheby's	1993.10	936	Landscape with Pavilion	ink & colour	1930	33.7 x 34.4cm	HK$25,000
Sotheby's	1993.10	974	Lotus	ink & colour	—	59.5 x 52.4cm	HK$70,000
Christie's	1994.5	150	Two Birds Resting on a Rock	ink on paper	—	152.2 x 35.4cm	HK$70,000
Christie's	1994.5	152	Resting Buffalo	ink & colour	1958	227 x 122cm	—
Christie's	1994.5	230	Horse beneath Old Tree	ink & colour	1958	96.5 x 48.8cm	—
Christie's	1994.5	256	Landscape	ink & colour	1964	53.3 x 37.4cm	HK$64,000
Christie's	1994.5	273	Chrysanthemums	ink on paper	1947	23.5 x 36cm	HK$25,000
Sotheby's	1994.11	671	Small Pavilion and Withered Tree	ink on paper	1961	139 x 66.4cm	—
Sotheby's	1994.11	643	Orchid	ink on paper	1949	17.8 x 50.5cm	HK$26,000
Sotheby's	1995.5	1113	Landscape	ink & colour	1934	135.9 x 51.1cm	HK$105,000
Christie's	1995.10	141	Bird on Rock	ink on paper	—	45.2 x 34cm	—
Christie's	1996.11	113	Plum Blossom	ink & colour	1931	117 x 50.3cm	—
Sotheby's	1996.11	352	Chicks Outside a Bamboo	ink on paper	—	35.6 x 138.5	HK$230,000

Auction House	Auction Date	Lot No.	Title	Feature	Finishing Year	Size (cm²)	Net Auction Price
Sotheby's	1988.5	13	Pine	ink & colour	1935	101.5 x 45.6cm	HK$70,000
Sotheby's	1988.5	78	Cranes and Pines	ink & colour	—	68 x 119.5cm	HK$65,000
Sotheby's	1988.5	87	Lotus	ink & colour	1963	52 x 61cm	HK$58,000
Sotheby's	1988.11	66	Studying a Painting	ink & colour	1944	23.5 x 147cm	—
Sotheby's	1988.11	147	Fish, after a poem by Du Fu	ink & colour	1961	58.7 x 34cm	HK$140,000
Christie's	1989.1	101	Bird on a Rock	ink & colour	—	57 x 33.6cm	—
Christie's	1989.1	139	Fishing Off a Boat	ink & colour	—	101.6 x 45.1cm	—
Christie's	1989.1	214	Calligraphy and Crows	ink on paper	1926	34.3 x 42.5cm 30.5 x 42.5cm	—
Christie's	1989.1	273	Red Lotus	ink & colour	1956	109.2 x 54cm	—
Sotheby's	1989.5	49	Canna	ink & colour	—	71.5 x 41cm	HK$38,000
Sotheby's	1989.5	54	Cat on a Rock	ink on paper	1944	150.5 x 40cm	HK$130,000
Sotheby's	1989.5	79	Landscape with Pine Tree	ink & colour	1954	94.5 x 52cm	HK$320,000
Sotheby's	1989.5	81	Lotus	ink & colour	1965	76 x 41.6cm	HK$105,000
Sotheby's	1989.5	83	Bird	ink & colour	1963	18.8 x 44.5cm	HK$110,000
Christie's	1989.9	79	Bird on a Rock	ink & colour	1947	133.7 x 33cm	HK$100,000
Sotheby's	1989.11	5	My Humble House	ink & colour	1944	82.8 x 46.4cm	HK$320,000
Christie's	1990.3	13	Running Script Calligraphy	ink on paper	1944	135 x 33cm	—
Christie's	1990.3	29	Vulture on the Rock	ink & colour	—	110 x 38cm	—
Christie's	1990.3	139	Two Birds on a Rock	ink & colour	1964	97 x 45cm	HK$140,000
Christie's	1990.3	160	Sailing on a Mountain River	ink & colour	1928	199 x 52.5cm	HK$400,000
Christie's	1990.3	303	Cursive Script Calligraphy	ink on paper	1961	73 x 26.5cm	HK$130,000
Christie's	1990.3	360	Gazing at the Sea from a Mountaintop	ink & colour	1941	43 x 87.5cm	HK$150,000
Christie's	1990.3	361	Orchids	ink on paper	1963	34.5 x 32.5cm	HK$42,000
Sotheby's	1990.5	93	Sailboats Returning from the Eastern Sea	ink on paper	1964	64.1 x 49cm	—
Christie's	1990.10	34	Cormorant Eyeing Fish in a pond	ink & colour	1945	63.5 x 51cm	HK$85,000
Christie's	1990.10	177	Eagle on a Rock	ink on paper	—	92 x 44cm	HK$44,000
Christie's	1990.10	196A	A Bird Standing on a Rock	ink on paper	—	45 x 34cm	HK$35,000
Christie's	1990.10	199	Bird on a Rock by a Lotus Pond	ink & colour	—	90 x 54cm	—
Sotheby's	1990.11	67	Cat with Flowers	ink & colour	1924	138 x 68cm	HK$230,000
Sotheby's	1990.11	83	Frog and Rock	ink & colour	—	108 x 34cm	HK$120,000
Sotheby's	1990.11	212	Prunus and a Stock	ink & colour	—	131.1 x 42.8cm	—
Sotheby's	1990.11	254	Oracle Bone Script	ink on paper	—	111.1 x 40.5cm	—
Christie's	1991.3	37	Orchid	ink on paper	1948	65 x 33.5cm	—
Christie's	1991.3	181	Red Lotus	ink & colour	1962	75 x 36.6cm	—
Christie's	1991.3	209	Chinese Cabbage, Radish and Candle	ink & colour	1924	136 x 49cm	—
Christie's	1991.3	269	Sailing by a Tower Mountain in Sunset	ink & colour	1954	54 x 41.3cm	—
Sotheby's	1991.5	53	Bamboo and Prunus	ink on paper	1935	136.3 x 34cm	HK$45,000
Sotheby's	1991.5	57	Frog and Bamboo	ink on paper	1943	136 x 34cm	HK$50,000
Sotheby's	1991.5	150	Lingzhi in a Vase	ink & colour	—	117 x 43cm	HK$160,000
Christie's	1991.9	67	Flowers	ink & colour	1928	133 x 28cm	HK$85,000

Auctioning Of Pan Tianshou's Paintings

Marketing Research Section of Han Mo

Many readers find it an urgent need to understand the market information of Chinese paintings. Readers who are new to the field lack information of past auctions for reference. Our marketing Research Section has specially compiled a comprehensive chart of Hong Kong's major auctioning houses' records since 1980. They are listed according to the artists in chronological order, showing detailed information of the auctioned works. In this issue, we are listing the auctioning information of Pan Tianshou's paintings from 1980 to 1996. The prices are in Hong Kong dollar. The blanks indicate works withdrawn from auction or those which have not reached the asking price.

1980.5 HK$10,000 = US$2,045 = ¥456,621 = NT73,200
1980.11 HK$10,000 = US$1,965 = ¥428,265 = NT70,000
1981.11 HK$10,000 = US$1,776 = ¥383,877 = NT66,600
1982.11 HK$10,000 = US$1,527 = ¥409,836 = NT62,200
1983.5 HK$10,000 = US$1,455 = ¥336,700 = NT57,700
1984.2 HK$10,000 = US$1,288 = ¥300,300 = NT51,500
1984.11 HK$10,000 = US$1,284 = ¥312,500 = NT50,300
1985.11 HK$10,000 = US$1,285 = ¥259,403 = NT51,300
1986.1 HK$10,000 = US$1,285 = ¥260,078 = NT50,700
1986.5 HK$10,000 = US$1,285 = ¥217,391 = NT48,900
1987.1 HK$10,000 = US$1,290 = ¥204,082 = NT45,300
1987.5 HK$10,000 = US$1,285 = ¥180,018 = NT40,900
1987.11 HK$10,000 = US$1,287 = ¥175,438 = NT37,800
1988.1 HK$10,000 = US$1,285 = ¥168,690 = NT36,600
1988.5 HK$10,000 = US$1,286 = ¥161,290 = NT36,500
1988.11 HK$10,000 = US$1,284 = ¥156,372 = NT36,800
1989.1 HK$10,000 = US$1,281 = ¥163,934 = NT35,400
1989.5 HK$10,000 = US$1,286 = ¥175,439 = NT33,300
1989.9 HK$10,000 = US$1,281 = ¥188,679 = NT33,000
1989.11 HK$10,000 = US$1,280 = ¥183,958 = NT31,250
1990.3 HK$10,000 = US$1,282 = ¥195,695 = NT35,088
1990.5 HK$10,000 = US$1,286 = ¥195,351 = NT36,232
1990.10 HK$10,000 = US$1,287 = ¥167,000 = NT34,800
1990.11 HK$10,000 = US$1,285 = ¥166,030 = NT36,765
1991.3 HK$10,000 = US$1,285 = ¥177,305 = NT36,765
1991.5 HK$10,000 = US$1,286 = ¥177,242 = NT37,037
1991.9 HK$10,000 = US$1,293 = ¥171,821 = NT36,232
1991.10 HK$10,000 = US$1,289 = ¥168,805 = NT35,842
1992.3 HK$10,000 = US$1,293 = ¥172,533 = NT34,483
1992.4 HK$10,000 = US$1,291 = ¥172,265 = NT34,483
1992.9 HK$10,000 = US$1,295 = ¥155,352 = NT34,483
1993.3 HK$10,000 = US$1,295 = ¥153,610 = NT34,843
1993.4 HK$10,000 = US$1,296 = ¥144,970 = NT34,843
1993.10 HK$10,000 = US$1,294 = ¥140,213 = NT35,714
1994.5 HK$10,000 = US$1,295 = ¥131,527 = NT35,088
1994.11 HK$10,000 = US$1,296 = ¥126,422 = NT35,842
1995.5 HK$10,000 = US$1,295 = ¥108,519 = NT33,784
1995.10 HK$10,000 = US$1,295 = ¥131,527 = NT35,971
1996.11 HK$10,000 = US$1,296 = ¥146,951 = NT36,630

Auction House	Auction Date	Lot No.	Title	Feature	Finishing Year	Size (cm²)	Net Auction Price
Sotheby's	1980.5	42	Chrysanthemums and Wine	ink & colour	1959	65.5 x 45.5cm	HK$12,000
Sotheby's	1980.5	43	Peonies	ink & colour	1965	54 x 48cm	HK$18,000
Sotheby's	1980.11	33	Insect and Melon	ink & colour	—	46 x 34cm	HK$24,000
Sotheby's	1981.11	32	Fisherman under Bare Tree	ink on paper	1924	22 x 32cm	HK$5,500
Sotheby's	1981.11	33	Frog and Rock	ink & colour	—	60 x 47cm	HK$20,000
Sotheby's	1982.11	34	Birds on a Rock	ink & colour	1948	135 x 42cm	HK$50,000
Sotheby's	1983.5	36	Flowers, Birds and Rocks	ink on paper	1959	22 x 273cm	HK$140,000
Sotheby's	1983.5	37	Cat	ink & colour	—	43 x 45.3cm	—
Sotheby's	1984.2	35	Lotus	ink & colour	1965	76 x 41.6cm	HK$42,000
Sotheby's	1984.2	36	Canna	ink on paper	—	71.5 x 41cm	—
Sotheby's	1984.11	48	Chicks and Orchid	ink on silk	—	19 x 52cm	—
Sotheby's	1984.11	49	Peony and Bamboo	ink & colour	1965	54 x 48cm	—
Sotheby's	1984.11	50	Bamboo	ink on paper	1949	18 x 52cm	—
Sotheby's	1985.11	53	Landscape	ink & colour	1928	178 x 46cm	HK$125,000
Sotheby's	1985.11	54	Narcissus and Rock	ink & colour	—	89.5 x 51.5cm	—
Sotheby's	1985.11	55	Chrysanthemums and Wine	ink & colour	1959	64.6 x 45.4cm	HK$25,000
Christie's	1986.1	95	An Ola Monk	ink & colour	1923	136 x 67cm	HK$85,000
Christie's	1986.1	96	Red Chrysthemum Dotted in a Grey Clay Pot	ink & colour	—	121.5 x 40.5cm	—
Christie's	1986.1	97	Mynah Bird on a Rock	ink on paper	—	60 x 45.6cm	—
Sotheby's	1986.5	72	Oracle Bone Script	ink on paper	1943	144 x 56cm	—
Sotheby's	1986.5	73	Bamboo and Rock	ink & colour	—	30 x 18.2cm	HK$18,000
Christie's	1987.1	71	Bamboo and Orchid	ink on paper	1960	69.5 x 35cm	HK$40,000
Sotheby's	1987.5	112	Lingzhi in a Vase	ink & colour	—	117 x 43cm	HK$75,000
Sotheby's	1987.11	29	Birds	ink on paper	—	77.5 x 40cm	HK$76,000
Sotheby's	1987.11	88	Lotus	ink & colour	—	59.5 x 52.4cm	HK$50,000
Christie's	1988.1	31	Vegetables	ink on paper	1965	32.2 x 45.5cm	HK$30,000
Christie's	1988.1	91	Toad, Rock and Pine	ink & colour	—	98 x 67.5cm	HK$120,000
Christie's	1988.1	220	Two Vultures	ink & colour	—	98 x 67.5cm	—

Cherish With Relief

Lu Yansho

I did not have much contact with Pan Tianshou and it was for a short period of time only, but I felt that he knew me very well. I did not know Pan before I went to teach at Zhejiang Art Institute in 1960. Pan insisted that I went, and so I went. He was very nice to me. He was a very honest and modest person who treated people well. His paintings are spectacular and he was a great character himself. Once he came to see me and asked whether we should let good teachers teach junior classes or senior classes. He must have had pondered the issue for a long time. He treated his teaching work very sincerely. He discussed with me that good teachers should teach junior classes so that the students would have a good beginning. He had constantly thought about how to improve the quality of education and the school. He never showed any arrogance of scholars, which is in-line with his paintings. The seals he engraved were all epigrams for himself, they were very humble and frank. He often remarked that art creation should maintain a personal style. Personal style is not something one can make up, it is closely connected to the person's nature and character. A painter has to work upon a certain foundation and worked hard to improve to a certain level, reflects his inner thoughts and feelings faithfully to be qualified as art. That is why the works reflect the face of the artist. At that time when the styles of Wu Changshuo and Qi Baishi were extremely popular, it was commendable that Pan Tianshou could retain his own style. Both Pan Tianshou's personality and works could be good examples for us. The decade-long disaster is now over, but Pan's tragic death is an irrecoverable loss to the art field. We should meditate on how to carry out his behest, to learn from him and improve ourselves on inspirations from his paragon.

潘天壽攝於杭州景雲村止止室 (1959)
Pan Tianshou at Zhizhi Studio in Hangzhou Jingyun Village

Authentication Of Pan Tianshou's Paintings

文 *Xu Jianrong*

This article on authenticating Pan Tianshou's paintings focuses mainly on analysing his brushstroke style as the main area for authentication.

Like the works of many great masters, Pan Tianshou's works are easy to copy in terms of topics and orderly composition. However, his breathtaking and overwhelming spirit and strokes are difficult to forge.

Pan Tianshou excelled in flower-and-bird paintings, he also did landscapes and figures sometimes. In his early years he had studied under Li Shutong and Jing Hengyi in sketching, calligraphy and seal engraving. In 1923, he went to Shanghai and learned the styles of Xu Wei, Chen Daofu, Shi Tao and Bada Shanren, he was also instructed by Wu Changshuo in poetry and painting and improved greatly. On Chinese painting, Pan Tianshou believed that "there should be a distance between Chinese and western painting".

Pan Tianshou's early paintings had a sweeping valiant spirit, it was thorough in expression but a bit careless. Later after Wu Changshuo's reminder, he refrains himself and became modest and dignified. Through the study of Gao Qipei's finger painting, his brushstrokes turned compact and condensed, solid and serious.

For forgeries of Pan Tianshou's work, it is harder to tell if forging Pan's early works done before 1940s. For those forging his style after the 1950s, it is easy to authenticate because Pan's authentic works possess firm forceful lines and grand atmospheres. Judging from the layout and structure, Pan Tianshou established his unique style generally after the 1940s. His characteristics was trying to work out some rules and principles among the unruly and lack of disciplines, and compassion among the absolute perilous moods. He specialised in reinforcing atmosphere by creating strategic forms. The manipulation of the four corners of the pictures was well-planned, which was different from other painters who make the four sides smooth and neat.

Pan Tianshou's extreme sincerity and caution in painting is rarely found in contemporary times. Whenever he lifted his brush he considered seriously if it would be good enough to last in the years to come, and he would never send out some work which he was not satisfied himself. Hence his authentic works are perfect and impeccable in every aspect. Sometimes, his certain gigantic piece was good on the whole, but a smally part not very satisfactory, he would cut out the little piece, replace the part and re-draw the section.

Pan Tianshou's calligraphy style is same as his painting style. From structure, image to techniques, Pan Tianshou pursued a kind of "supreme" state. Such pursuit gives him a slight uptight and sad feeling which is not a bit relaxed or loose. Therefore, when he painted a happy scene, the impression it gives is not boisterous and bustling; when he painted a lyric scene, the impression is also rather solemn and suppressed.

Pan Tianshou devoted his entire life to education and art, his creative attitude was very sincere and academic, therefore his works are relatively rare, and still fewer have been passed into the open market. In the recent decade, the art market becomes active and Pan, as one of the great masters, was a target well-sought after. Hence although his works are harder to be forged and easier for authentication, there are still some attempts to fake Pan's works. Whenever his works are put out for auction, they have drawn much gossips and discussions. 完

潘天壽

HAN MO SERIES A26

Pan Tianshou — Painting Volumes

Editor-in-chief: Hui Lai Ping

Executive Editor: Lee Pic Shan

Translation: Cheung Yin Wah

Designer: Philosophos Society Ltd.

Printer: C & C Offset Printing Co., Ltd.
36 Ting Lai Road, Tai Po, N.T., H.K.

Publisher: Han Mo Xuan Publishing Co., Ltd.
Rooms 208-210 Empire Court,
2-4 Hysan Avenue, Causeway Bay,
Hong Kong.
Tel: 2890 9811　Fax: 2895 4137

ISBN　962-7530-53-0

NT. 550

HAN MO SERIES A26

Paintings of Famous Modern Chinese Artists

Pan Tianshou

Painting Volumes

Edited By Hui Lai Ping

Han Mo Xuan Publishing Co., Ltd.